8° L⁴ Jc
1716

VOYAGES
ANCIENS ET MODERNES
DANS
LES VOSGES

PROMENADES, DESCRIPTIONS, SOUVENIRS, LETTRES, ETC.

1500 — 1870

Ringmann — Camerarius — Montaigne
Dom Ruinart — Voltaire —
Dom Tailly — L'abbé Grégoire —
Mme de Tracy (Sarah Newton) —
De Caumont —
De Bazelaire — Henry Martin, etc.

ÉPINAL
VEUVE DURAND ET FILS, LIBRAIRES-ÉDITEURS

1881

VOYAGES

DANS LES VOSGES

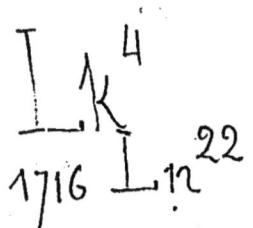

OUVRAGES DE Louis JOUVE :

Jeanne Darc, drame historique en 10 tableaux, par L. JOUVE et H. COZIC, 1 vol. in-12, 1857.

Coup d'œil sur les patois vosgiens, 1 vol. in-12, 1861 (épuisé).

Noëls patois anciens et modernes chantés dans la Meurthe et dans les Vosges, 1 vol. in-12, Paris, Firmin Didot, 1864.

Épitre en patois de Gérardmer, composée en 1809 par le curé POTTIER, avec traduction et notes, in-12, 25 pages, 1865 (épuisé).

Lettres vosgiennes, 1 vol. in-12, 1866.

Bibliographie du patois lorrain, in-8°, 30 pages, 1866.

Recueil nouveau de vieux Noëls inédits en patois de la Meurthe et des Vosges, avec la notation musicale et un glossaire, in 8°, 1867.

Journal d'un solitaire, par L. JOUVE et X. THIRIAT, in-12, 1868.

Abrégé de la prop... é des Eaux de Plombières, par J. LE BON... réimprimé sur l'édition de 1576, grand in-32, avec une préface et un glossaire-index, 1869.

Bibliographie scientifique, médicale, historique et littéraire des eaux minérales et des stations thermales des Vosges, in-8°, 70 pages, 1873.

Chansons en patois vosgien, avec une préface, des notes, un glossaire et la musique des airs, in-8°, 1876.

Le Musée des Vosges, étude, in-8°, 26 pages, 1878.

Cadres d'histoire d'Angleterre, in-4°, 1877.

Cadres d'histoire de France, in-4° (adopté pour les écoles par le Conseil départemental de l'Instruction publique des Vosges), 1878.

Études géographiques sur le ban et les possessions de Senones jusqu'au milieu du XIIIᵉ Siècle, in-8°, 1879.

POÉSIES. *La Colline des Eaux*, in-8°, 1879.
— *Au coin du feu*, in-8°, 1880.
— *La Bourgonce (6 octobre 1870)*, in-8°, 1880.

VOYAGES

ANCIENS ET MODERNES

DANS

LES VOSGES

PROMENADES, DESCRIPTIONS, SOUVENIRS, LETTRES, ETC.

1500 — 1870

Ringmann — Camerarius — Montaigne
Dom Ruinart — Voltaire —
Dom Tailly — L'abbé Grégoire —
Mme de Tracy (Sarah Newton) —
De Caumont —
De Bazelaire — Henry Martin, etc.

ÉPINAL

VEUVE DURAND ET FILS, LIBRAIRES-ÉDITEURS

1881

Le département des Vosges, avec ses montagnes arrondies, couronnées de chaumes, et ses sombres forêts de sapins qui en tapissent les flancs, avec ses vallées profondes, ses plaines aux grasses cultures et ses coteaux empourprés de vignes, avec ses belles rivières transparentes dont les flots écumeux se brisent sur un lit rude de roches granitiques, a toujours laissé des souvenirs vivants à quiconque l'a une fois traversé. Son histoire, et celle des personnages qui l'ont illustré, ses anciennes abbayes, maîtresses de presque tout le sol, ses mines aujourd'hui abandonnées, ses stations thermales si nombreuses, si animées, ses grandes beautés pittoresques, dont le charme saisissant et l'attrait, parfois mélancoliques sont, pour ainsi dire, sans rivaux, les mœurs rudes et simples et le langage caractéristique de ses habitants n'ont cessé d'être, à différentes époques, le sujet de descriptions, d'études et de voyages.

L'austère et grandiose poésie de la nature vosgienne, l'histoire du pays, ses coutumes antiques, dont l'empreinte s'efface chaque jour au contact de tous les faits contemporains sociaux, politiques, économiques, industriels, n'ont donc plus guère de secrets, grâce aux chemins de fer qui en sillonnent les principales vallées, aux écrivains modernes, aux Sociétés savantes des Vosges, grâce surtout aux « Guides » qui semblent ne vouloir plus laisser de surprises aux voyageurs, comme aux Vosgiens eux-mêmes.

De tels livres, toutefois, ne sauraient remplacer des écrits anciens, enterrés dans des recueils inaccessibles au vulgaire, introuvables assez souvent, qui, sortis de plumes diverses, graves ou spirituelles, légères ou savantes, font revivre devant nous les aspects et les sentiments d'une autre époque par les impressions personnelles des auteurs.

Ceux qui, en effet, ont visité les Vosges par curiosité, par nécessité, par amour de la science, ont souvent voulu chercher, chacun suivant ses opinions, suivant la pente de ses goûts ou de son esprit, à fixer sous des formes différentes, vers moqueurs ou prose légère et gracieuse, dissertation savante ou description enthousiaste, journal écrit au courant de la plume, le résultat de ses vues ou de ses observations particulières.

Aussi il nous a semblé qu'il y avait, à remettre au jour quelques-uns de ces ouvrages, plus qu'un intérêt de curiosité surtout pour ceux à qui le temps, les affaires ou les études ne permettent pas de les rechercher, et nous nous sommes fait, en notre qualité de Vosgien, un devoir patriotique de réunir en un volume les pages qu'à des époques plus ou moins éloignées, nous ont laissées des écrivains peu connus de la foule et auxquels notre reconnaissance ne s'est pas suffisamment attachée.

Le recueil que nous publions : *Voyages, promenades, descriptions, lettres*, etc., promène la pensée par toutes les Vosges ; il se rattache à la nature, à l'histoire, à l'étude des mœurs, à l'art, à la littérature même du pays. Nous nous sommes borné, pour cette reproduction, aux écrits intéressants les moins répandus, ignorés même, et nous avons cherché à mettre dans ce petit volume une variété attachante. Sur chacun des auteurs ou sur l'ouvrage nous avons ajouté une notice souvent indispensable.

Nous avons mis en tête la traduction de deux pièces latines en vers qui nous offrent ce qu'on a écrit de plus ancien sur les Vosges depuis Ausone et Venantius Fortunatus (1). La première, qui est fort courte, n'est qu'un simple coup d'œil géographique sur nos montagnes et nos rivières; mais on y sent vibrer la fibre de l'amour du sol natal. La seconde se compose des hendécasyllabes malicieux, malveillants même, dus à une des plumes les plus graves de l'Allemagne au XVI° siècle, celle de Camerarius, qui semble les avoir jetés sur le papier en un jour de dépit, pour n'avoir pas obtenu, sans doute, des eaux de Plombières, tout le bien qu'il en attendait.

Montaigne nous raconte ensuite ses impressions dans sa traversée des Vosges, et ses observations, pleines d'intérêt, ont parfois une saveur piquante.

L'année 1696 fournit à notre volume le voyage littéraire de D. Ruinart dans notre pays

---

(1) Leurs poëmes, il faut le dire, ne célèbrent que la Moselle.

vosgien. De ce qu'il a vu, de ce qu'il a peint, les hommes n'ont guère aujourd'hui laissé que le souvenir. Il n'est pas jusqu'à la montagne du Donon, décrite par le voyageur bénédictin, qui n'ait perdu le caractère imposant que lui avaient donné la nature et l'homme, défigurée qu'elle est par de tristes archéologues, qui, sous les yeux d'une administration imbécille, ont commis le crime de découper en blocs cubiques les roches de grès rouge de son plateau et de les entasser à peine dégrossis sous la forme ridicule d'un temple pseudo-grec. L'administration forestière a fait le reste en étouffant cette montagne historique sous ses éternels pins sylvestres.

Le séjour de Voltaire à Plombières et à Senones a été pour nous une occasion naturelle de donner quelques-unes de ses lettres, toujours pleines de traits si vivants, surtout celles qui rappellent ses rapports avec ce savant modeste et tolérant qui a honoré la France par ses travaux et par ses vertus, le bénédictin D. Calmet, abbé de Senones.

Un autre bénédictin, D. Tailly, dans ses *Lettres vosgiennes*, ajoute quelques faits nouveaux sur l'état du pays en dehors du domaine politique, ainsi que l'abbé Grégoire qui, de ses *Promenades dans les Vosges* (ouvrage inédit appartenant à la bibliothèque de Nancy), a tiré une légère esquisse du nouveau département pour un recueil oublié de 1798, où nous l'avons trouvé.

Ce qui fera, nous en sommes certain, l'attrait particulier de ce volume, c'est un chef-d'œuvre d'esprit, de fraîcheur et de grâce, c'est le journal d'une saison à Plombières, écrit au jour le jour, en 1808, par une descendante de Newton, jeune anglaise de grande éducation qui accompagnait aux eaux une noble dame du monde. Cette œuvre exquise, qui contient, sans prétention jetées sur le papier, des pensées, des anecdotes, des remarques pleines de finesse, n'a pas besoin d'être louée ; elle se recommande d'elle-même et mérite d'être tirée de l'ombre où elle a été mise volontairement.

On pourra voir, à la table, les divers extraits par lesquels nous terminons ce volume. Nous les prenons toujours dans des ordres d'idées différents. Voici un rapide voyage archéologique de M. de Caumont, perdu dans le vaste recueil du *Bulletin monumental*, dont il n'y a peut-être pas deux exemplaires dans les Vosges ; voilà un chapitre intéressant sur la situation intellectuelle et morale du pays en 1802, emprunté à la statistique faite par M. Desgouttes, le premier préfet de ce département. On remarquera ensuite, nous en sommes persuadé, la curieuse épître en patois de Gérardmer (1808), qui donne de si curieux détails sur l'état et les usages de cette commune, où la saison d'été attire aujourd'hui tant de touristes et de familles. Des promenades, des souvenirs, des descriptions, tirés des ouvrages où sont le mieux observées les Vosges dans le passé, complètent cette revue qui, ne pouvant tout dire, présente du moins ce qu'il y a de plus rare et de meilleur dans les écrits, introuvables en librairie, dont le département a été l'objet.

Tel qu'il est conçu et exécuté, ce livre sera, nous osons le croire, d'une lecture attrayante pour ceux qui ne connaissent pas les Vosges, et procurera aux Vosgiens eux-mêmes, des distractions d'autant plus agréables et instructives qu'ils y achèveront de connaître leur pays en compagnie d'auteurs intéressants, dont le nom n'a pas souvent frappé leurs oreilles. On ne saurait, en outre, trouver de meilleur compagnon de voyage qu'un petit volume dont les chapitres, de sujets et de genres différents, sont un délassement pour l'esprit, comme une de ces causeries à bâtons rompus qu'on peut quitter et reprendre sans les poursuivre jusqu'à la fatigue. Il convient aussi à la jeunesse des Vosges qui peut y apprendre à s'intéresser à son pays et y trouvera encore plus d'un motif pour l'aimer.

Si nous atteignions ce but, nous trouverions en cela la meilleure des satisfactions et des récompenses ; car, sans nous faire un mérite d'un travail de compilation semblable à celui-ci, c'est vers les services qu'il peut rendre que nous tournons nos regards, et, si nous en jugions, non point comme éditeur et comme Vosgien, auquel cas nous serions suspect, mais comme simple lecteur, nous ne craindrions pas d'affirmer l'utilité et le succès de ce livre.

Louis JOUVE.

Paris-Auteuil, mai 1881.

LA CHAINE DES VOSGES

Par RINGMANN

NOTICE

Mathias Ringmann (1482-1511) naquit au pied des Vosges, dans un des hameaux du val d'Orbay. Poète, savant, imprimeur, il se serait fait un nom dans l'histoire de l'esprit du temps, s'il ne fut pas mort dans sa pleine jeunesse, à vingt-neuf ans. Il était connu dans les lettres sous le pseudonyme de *Philesius Vosegigena*.

Attaché, comme correcteur, à une imprimerie de Strasbourg, « et trouvant une page blanche pour laquelle il n'y avait pas de matière, il la remplit par seize distiques *sur la montagne de sa patrie* » (Schmidt). C'est l'œuvre d'un géographe qui se plaît à énumérer les cours d'eau, mais qui se trompe en rattachant les Vosges aux Alpes rhétiques. Çà et là, la pièce est animée par un vif sentiment de la beauté pittoresque et de la fertile abondance de la contrée ; Ringmann parle, non sans émotion, des forêts, des cultures, des vignobles, des châteaux qui couronnent les montagnes, du torrent et des prairies de sa vallée natale, du monastère de Sainte-Odile. On sait aussi qu'il fut appelé à Saint-Dié.

DISTIQUES

Les Vosges prennent leur origine aux Alpes rhétiques, et jusqu'à toi, Trèves, elles prolongent leurs verdoyants coteaux.

Elles séparent les champs gaulois des colonies teutoniques et de leurs veines s'écoulent une multitude de cours d'eau.

La partie gigantesque, qui regarde le soleil couchant, est couverte de superbes forêts de sapins,

Et de ses flancs féconds elle envoie dans les plaines de la France la Meuse, la Meurthe, la Mortagne et la Seille.

Toutes ces eaux viennent se confondre — je l'ai vu moi-même — avant de visiter les terres de la ville de Metz.

De là, la Moselle, nom unique formé de deux noms, va se jeter dans le Rhin, après s'être grossie d'une foule de rivières.

Mais la partie qui est exposée au soleil levant nous présente aussi de hauts sommets.

Bien qu'ornée de vallées ombreuses et que chaque cime verdoie d'essences variées,

Elle nous offre les présents de Cérès avec la liqueur de Bacchus et se revêt de cultures de toute espèce.

Là, sur des collines ensoleillées, croît et mûrit la vigne. C'est l'Alsace, qui prend son nom de l'*Alsa* (l'Ill).

C'est de là que le Bavarois, le Souabe et la plus grande partie des Teutons tirent les doux présents du dieu des raisins.

C'est là que prennent leur source la Bruche, la Motter (1), la Sarre et l'Ill; et toi, Scheer (2), c'est encore de là que tu descends avec le village (3).

Elle lance au milieu d'aimables prairies un rustique torrent qui rase, dans une verte vallée, les maisons de mon pays.

Quel charme de voir de loin, perchés sur les cimes, les forts que gardent des guerriers d'illustre noblesse !

Odile repose sur le sommet élevé d'une montagne, Odile la gloire la plus haute du sol alsatique.

Heureux avant tous, les monts des Vosges — c'est ma patrie — qui unissent aux eaux limpides les coupes de Bacchus.

---

(1) Elle passe à Haguenau. — (2) Entre la rivière d'Andlau et l'Ill. — (3) L'auteur veut dire que dans les étroites vallées des Vosges, les villages, échelonnés le long des bords du torrent, semblent descendre avec lui dans les plaines.

DES THERMES DE PLOMBIÈRES

Par CAMERARIUS.

NOTICE

Joachim Camerarius (1500-1574) eut un rôle important dans le mouvement de la Réforme. Son immense érudition releva en Allemagne les études de l'antiquité. A Leipsig, il donna à l'enseignement une organisation plus large et plus libérale. Il travailla avec Mélanchthon à la rédaction de la *Confession d'Augsbourg*. On lui accorde de grandes qualités de cœur et de hautes capacités intellectuelles, mais ses idées étaient par trop puritaines et sa tenue un peu raide.

Les bains de Plombières à cette époque étaient généralement fréquentés par les Allemands. Il y vint, comme ses compatriotes, chercher à ses maux un remède qu'il n'y trouva sans doute pas. Il a consigné son dépit dans de piquants hendécasyllabes latins qui ne furent qu'un jeu pour sa plume savante ; mais ce dépit est injuste, injurieux même, et on y sent parfois la haine du réformateur et l'orgueil germanique.

HENDÉCASYLLABES

Arrivé dans les monts vosgiens, à ces thermes auxquels le plomb de leurs eaux donne son nom, je me plongeai dans l'onde transparente, comptant sur l'aide de la déesse sous les auspices de laquelle le marin brave les flots d'une mer déchaînée et les ouragans terribles que soulève l'*Africus* en fureur, et le marchand n'hésite pas à s'élancer vers les Indes aux confins du monde et à chercher au loin des régions qu'éclaire un autre ciel.

Comme elle leurre ceux qui souffrent, cette déesse ! Leur existence, paralysée par les maladies, passée dans l'indigence et le besoin, brisée par les chagrins, par la vieillesse, par les infirmités, c'est sa volonté, cependant qu'ils la gardent. Ceux qui portent la croix, elle ne les quitte que quand la lumière du jour finit par leur être ravie. C'est elle, encore, qui nous enlève à notre demeure, à une tendre épouse et à de chers enfants, pour nous transporter au milieu des rochers et de la chaîne infranchissable des Vosges qui s'étend au loin, elle, la divine espérance, la plus brillante des déesses.

Si vous me demandez la description de la vie qu'on mène en cet endroit, mes vers faciles, légers, badins, comme le sujet qu'ils traitent, vont essayer de vous la tracer.

D'abord, au fond d'un vallon creux, s'étend un lac que de tous côtés entourent des hôtelleries. Là, hommes et femmes, garçons et filles, nobles et vilains, savants et illettrés, le vieillard engourdi et la jeunesse au pied léger, l'homme intact et le blessé, celui qui est couvert de cicatrices ou déchiré d'ulcères, gens sains ou gens malades, tous viennent réchauffer leurs membres dans le même bassin d'eau fumante, enfermé dans une enceinte de murs d'environ deux cents pas.

On peut y voir, assis sous un toit de feuillage, des gens riches qui ont loué la place à prix d'argent. Tout autour, les baigneurs en foule se tiennent collés aux pierres de la muraille, appuyés sur des fourches et plongés dans l'eau jusqu'au menton ; d'autres errent dans le lac transparent, dirigeant avec des bâtons fourchus leur pesante personne et leurs pas vacillants. Condition, rang, sexe, âge, tout est confondu. Beaucoup aussi se lancent à la nage à travers le bassin sur les ondes mouvantes. L'un, debout, se tient hors de l'eau jusqu'à la ceinture, l'autre plonge de temps en temps.

Puis à l'endroit même où la source jaillit en bouillonnant, et près de la lèvre de pierre qui alimente l'étang, les vieillards épuisés, les vieilles femmes émaciées, sombre, débile et flasque cohue, troupe pâle, tremblotante et sans charme, assiègent et gardent la place obstinément. Leur souffle glacé attiédit la source, et l'onde pure est souillée de leur contact immonde.

Mais voici que, brillantes et belles, aimables, gracieuses, charmantes, au teint éclatant, pleines d'élégance et souriantes, jeunes femmes et jeunes filles, dignes du cortège de Vénus, apparaissent s'élevant au-dessus de l'onde jusqu'à la ceinture; leur blanche poitrine est couverte d'une tunique de lin; tout s'embellit de leur présence et leur contact rassérène les eaux. Le lac attristé rayonne du feu de leurs yeux et l'onde troublée s'égaie du reflet de leurs visages. Les mains entrelacées, elles parcourent cette mer, et leur démarche a plus de souplesse que la branche du saule. Leurs regards s'allument et leurs pupilles s'éclairent; leurs joues s'animent de l'éclat du carmin et sur leurs lèvres brille la pourpre de Phénicie.

Telles, s'il est permis de comparer le petit au grand, telles, ô Galatée, se réunissent et se groupent tes sœurs autour de Nérée sur la plaine des eaux; de leurs bras brillants entrelacés, elles fendent les vagues marmoréennes, et, refoulés sur leur passage, les flots de la mer de Carpathos résistent en vain, ils cèdent aux déesses qui s'avancent, sillonnant l'onde de leurs blanches poitrines. Inoüs, Palémon et Glaucus se glissent parmi elles et les accompagnent, et sur les flots, sur le rivage, les Tritons font retentir les sons éclatants de leurs conques.

Si l'une d'elles a touché votre cœur, vous avez divers moyens de le lui faire connaître; elles n'ont ni les mêmes usages, ni la même patrie, ces jeunes filles du lac crystallin. Non seulement elles passent le jour au milieu de la foule, mais elles sont encore abordables le soir.

Telle fut, je crois, la vie humaine, quand tu gouvernais le monde, ô Saturne. Telle est encore aujourd'hui la vie des animaux dans les bois, vie délicieuse, au milieu de retraites cachées ; ils errent en liberté sur les gazons, sans être asservis à d'autre loi que la nécessité, ne connaissant ni le droit, ni la coutume, ni les rits.

Dans cette enceinte donc, dans le lieu que je viens de décrire, celui-ci pousse des cris, celui-là chante ; l'un rit, l'autre murmure entre les dents, un troisième reste coi ; celui-ci tousse, celui-là a une pituite ; l'un rote, l'autre se mouche, ou crache, ou gratte l'écorce écailleuse de sa peau décharnée. En voici d'autres qui exhalent des soupirs, des plaintes, des gémissements. Un quidam vante les eaux et raconte comme en peu de temps il a été délivré de son mal, et il montre sa plaie à la main ou au pied ; un autre prétend qu'elles ne lui ont été d'aucun secours et dans sa colère il maudit l'onde innocente. Par là, on porte à manger et à boire à ceux qui le demandent, et les gosiers desséchés s'abreuvent à une eau courante qui, dérivée du sommet d'une haute montagne dans un conduit d'environ trois cents pas, tempère la chaleur de ce lac de feu.

Au dehors, dans les maisons mêmes, on boit, on festine, on mène de joyeuses danses. Ici un baigneur fatigué se repose et prend un somme. Un autre va dans les forêts et dans les bocages voisins chercher à travers monts les sources des ruisseaux. En voici un qui, dans sa souffrance, réclame le salut et appelle le médecin à son secours ; en voilà un autre qui meurt et qui est inhumé en terre étrangère, laissant, le malheureux ! un moine pour héritier, héritier odieux à tous, et pourtant héritier légitime, suivant une vieille coutume de l'endroit.

Telle est la vie qu'on mène en ces lieux. En attendant l'argent diminue, la bourse se vide et se fait des plus légères. Aussi il faut voir les baigneurs et ceux qui ne se baignent pas s'en retourner de concert dans leurs patries respectives, les uns assez tristes et peu allègres, les autres soutenus par le succès ; et l'espérance n'abandonne pas ceux qu'avait suivis cette divine compagne ; elle les console, ces malheureux, et les ramène dans leurs foyers, en leur rendant plus légères leurs inquiétudes et les fatigues du voyage. Presque tout le monde brûle de partir, car les gens de ce pays sont inhospitaliers, livrés à de sottes superstitions, sans activité, inintelligents. Ce ne sont pas des Romains, comme ils veulent être appelés ; c'est une vieille souche des terres gétiques, auprès de laquelle personne ne veut rester, bien qu'on ait ardemment souhaité d'être venu (1).

---

(1) ERRATUM, page 4, ligne 18 : au lieu de *deux cents pas*, lisez *deux fois deux cents pas*.

VOYAGES DE MONTAIGNE (1580)

NOTICE

On savait que Montaigne avait voyagé en Suisse, en Allemagne, en Italie, et l'on était surpris qu'un écrivain de cette trempe n'eût rien écrit de ses voyages. Cependant il en avait rédigé une relation et ce n'est que quatre-vingts ans après sa mort que son manuscrit autographe fut connu. Il ne fut publié qu'en 1774 avec des notes de M. Querlon.

Parti de son château en juin 1580, pour aller à Soissons, il ne prit la route de Lorraine que le 5 septembre. Il n'était point seul ; il fut accompagné, durant tout son voyage, par un gentilhomme lorrain, M. du Hautoy.

Devenu valétudinaire et ne croyant guère à la médecine, il avait eu recours aux eaux minérales et vu les plus célèbres eaux de France. Il voulut voir aussi celles de la Lorraine, de la Suisse et de la Toscane ; mais les beautés locales de ces pays, le goût des arts et des monuments, l'attrait des antiquités et des mœurs étrangères avait aussi quelque part dans sa détermination.

Son passage en Lorraine n'est qu'un faible épisode de ce long voyage, mais il touche particulièrement les Vosges. On trouve sur ce pays quelques détails que lui seul fait connaître, comme le naïf règlement des eaux de Plombières.

Le style de cette relation est très négligé, par la raison que ce journal n'avait été fait que pour lui et était loin d'être dans sa pensée une œuvre littéraire qu'il eût jamais songé à mettre à côté de ses immortels *Essais*.

DOMREMY-SUR-MEUSE, à trois lieues de Vaucouleur. D'où était natifve cette fameuse pucelle d'Orléans, qui se nommoit Jane Day ou Dallis (1). Ses descendants furent annoblis par faveur du roi, et nous monstrarent les armes que le roi leur donna, qui sont d'azur, à un'espée droite couronnée et poignée d'or, et deux fleurs de lis d'or au coté de ladite espée, de quoy un receveur de Vaucouleur donna un escusson peint

---

(1) JEANNE DARC, dont la famille a été anoblie sous le nom de DES LYS. Il y a lieu de s'étonner que MONTAIGNE ou son secrétaire n'ait pas préféré le premier, qui n'a jamais perdu sa popularité.

à M. de Caselis. Le devant de la maisonnette où elle naquit est toute peinte de ses gestes ; mais l'aage en a fort corrompu la peinture. Il y a aussi un abre le long d'une vigne qu'on nomme *l'abre de la Pucelle*, qui n'a nulle autre chose à remarquer. Nous vinsmes ce soir coucher à

Neufchasteau, cinq lieues. Où en l'église des Cordeliers il y a force tumbes anciennes de trois ou quatre cens ans de la noblesse du païs, desqueles toutes les inscriptions sont en ce langage : *Cy git tel qui fut mors lorsque li milliaires courroit per mil deux cens,* etc. M. de Montaigne vit leur librairie (bibliothèque) où il y a force livres, mais rien de rare, et un puis qui se puise à fort grands seaus en roullant avec les pieds un *plachié* de bois qui est appuyé sus un pivot, auquel tient une pièce de bois ronde à laquelle la corde du puis est attachée. Il en avait veu (vu) ailleurs de pareils. Joignant le puis, il y a un grand vaisseau (bassin) de pierre eslevé audessus de la marselle (margelle) de cinq ou six pieds où le seau se monte ; et sans qu'un tiers s'en mesle, l'eau se renverse dans ledit vaisseau, et en ravalle (redescend) quand il est vuide. Ce vaisseau est de telle hauteur que par icelui avec des canaus de plomb, l'eau du puis se conduit à leur refectoire et cuisine et boulangerie, et rejaillit par des corps de pierre eslevés en forme de fonteines naturelles. De Neufchâteau où nous desjeunasmes le matin, nous vinsmes souper à

Mirecourt, six lieuës. Belle petite ville où M. de Montaigne ouyt nouvelles de M. et Mad. de Bourbon qui en sont fort voisins. Et lendemein matin après des-juner alla voir à un quart de lieu de là, à quartier de son chemin, les religieuses de Poussay. Ce sont religions de quoy il y en a plusieurs en ces contrées là (1) establies pour l'institution des filles de bonne maison. Elles y ont chacune un bénéfice, pour s'en entretenir, de cent, deux cens ou trois cens escus, qui pire, qui meilleur, et une habitation particuliere, où elles vivent chacune à part soi. Les filles en nourrice y sont reçues. Il n'y a nulle obligation de virginité, si ce n'est aus officieres, comme abbesse, prieure e' autres. Elles sont vestues en toute liberté, comme autres damoiselles, sauf un voile blanc sus la tête, et en l'église pendant l'office un grand manteau qu'elles laissent en leur siege au cœur (chœur). Les compagnies y sont reçues en toute liberté, chez les religieuses particulieres qu'on y va rechercher, soit pour les poursuivre à espouser, ou à autre occasion. Celles qui s'en vont peuvent resigner et vendre leur bénéfice à qui elles veullent, pourveu qu'elle soit de condition requise. Car il y a des seigneurs du païs qui ont cette charge formée, et s'y obligent par serment de tesmoigner de la race des filles qu'on y présente. Il n'est pas inconvénient qu'une seule religieuse ait trois ou quatre bénéfices. Elles font au demeurant le service divin comme ailleurs. La plus grand part y finissent leurs jours et ne veullent changer de condition. De la nous vinsmes soupper à

---

(1) Remiremont, Epinal, Poussai, Bouxières. Le dicton de Lorraine sur ces quatre chapitres est : les *Dames* de Remiremont ; les *Caignes-de-chambre* d'Epinal ; les *Servantes* de Poussai, et les *Vachères* de Bouxières. Cependant ces chapitres exigent à peu près les mêmes preuves de noblesse.

Espiné (Epinal), cinq lieues. C'est une belle petite ville sur le bord de la Moselle, où l'entrée nous fut refusée d'autant que nous avions passé à Neufchasteau, où la peste avait été il n'y a pas longtemps. Lendemain matin nous vinsmes diner à

Plommières (Plombières), quatre lieues. Depuis Bar-le-Duc les lieues reprennent les mesures de Guascogne, et vont s'allongeant vers l'Allemagne, jusques à les doubler et les tripler enfin. Nous y entrasmes le vendredy 16ᵉ de septemb. 1580 à deux heures après midi. Ce lieu est assis aux confins de la Lorreine et de l'Allemagne dans une fondriere, entre plusieurs collines hautes et coupées qui le serrent de tous costés. Au fond de cette vallée naissent plusieurs fonteines tant froides naturelles que chaudes : l'eau chaude n'a nulle senteur ny goust, et est chaude tout ce qui s'en peut souffrir au boire, de façon que M. de Montaigne estoit contraint de la remuer de verre à autre. Il y en a deux seulement de quoy on boit. Celle qui tourne le cul à l'orient et qui produit le being qu'ils appellent le *bein de la reine,* laisse en la bouche quelque goust doux comme de la régalisse (réglisse) sans autre deboire, si ce n'est que, si on s'en prent garde fort attentivement, il sembloit à M. de Montaigne qu'elle rapportoit je ne sçay quel goust de fer. L'autre qui sourd de la montagne opposite, de quoy M. de Montaigne ne but qu'un seul jour, à un peu d'aspreté, et y peut-on decouvrir la saveur de l'alun. La façon du païs, c'est seulement de se beingner deux ou trois fois le jour. Aucuns prennent leur repas au being, où ils se font communement ventouser et scarifier, et ne s'en servent qu'après s'estre purgés. S'ils boivent, c'est un verre ou deux dans le being. Ils treuvoient estrange la façon de M. de Montaigne, qui sans médecine précédente en beuvoit neuf verres, qui revenoint environ à un pot, tous les matins à sept heures ; disnoit à midy ; et les jours qu'il se beingnoit, qui estoit de deux jours l'un, c'estoit sur les quatre heures, n'arrestant au being qu'environ une heure. Et ce jour là il se passoit volontiers de soupper. Nous vismes des hommes gueris d'ulceres, et d'autres de rougeurs par le corps. La coustume est d'y estre pour le moins un mois. Ils y louent beaucoup plus la seison du printemps en May. Ils ne s'en servent guiere après le mois d'Aoust, pour la froideur du climat ; mais nous y trouvasmes encore de la compaignie, à cause que la secheresse et les chaleurs avoint esté plus grandes et plus longues que de coustume. Entre autres, M. de Montaigne contracta amitié et familiarité avec le seigneur d'*Andelot*, de la Franche-Conté, duquel le père estoit grand escuyer de l'empereur Charle cinquiesme, et lui premier mareschal de camp de l'armée de Don Jouan d'Austria (1), et fut celui qui demeura gouverneur de St-Quintin lorsque nous la perdismes. Il avoit un endroit de sa barbe tout blanc et un costé de sourcil ; et récita à M. de Montaigne que ce changement lui estoit venu en un instant, un jour estant ches lui plein d'ennui pour la mort d'un sien frère que le duc d'Albe avoit faict mourir comme complice des Contes d'Eguemont (2) et de Hornes ; qu'il tenoit sa teste

---

(1) Jean d'Autriche, le vainqueur de Lépante, fils naturel de Charles-Quint. (2) Le comte d'Egmont.

appuyée sur sa main par cet endroit, de façon que les assistans pensarent que ce, fut de la farine qui lui fut de fortune tombée là. Il a depuis demeuré en cette façon. Ce being avoit autrefois esté fréquenté par les Allemans seulement ; mais depuis quelques ans ceux de Franche-Conté et plusieurs François y arrivent à grand foule. Il y a plusieurs beings, mais il y en a un grand et principal basti en forme ovalle d'un' antienne structure. Il a trente-cinq pas de long, et quinze de large. L'eau chaude sourd par le dessoubs à plusieurs surgeons, et y faict on par le dessus escouler de l'eau froide pour moderer le being, selon la volonté de ceux qui s'en servent. Les places y sont distribuées par les costés avec des barres suspendues à la mode de nos équiries (écuries), et jette on des ais par le dessus pour eviter le soleil et la pluye. Il y a tout autour des beings trois ou quatre degrés de marches de pierre à la mode d'un théatre, où ceux qui se beingnent peuvent estre assis ou appuyés. On y observe une singulière modestie, et si est indecent aux hommes de s'y mettre autrement que tout nuds, sauf un petit braiét (caleçon), et les fames sauf une chemise. Nous logeames à l'Ange qui est le meilleur logis, d'autant qu'il respond aux deux beings. Tout le logis où il y avoit plusieurs chambres ne coustoit que quinze solds par jour. Les hostes fournissent partout du bois pour le marché ; mais le païs en est si plein qu'il ne couste qu'à coupper. Les hostesses y font fort bien la cuisine. Au temps de grande presse ce logis eut cousté un écu le jour, qui est bon marché. La nourriture des chevaux à sept sols. Tout autre sorte de despense à bonne et pareille raison. Les logis n'y sont pas pompeus, mais fort commodes ; car ils font, par le service de force galeries, qu'il n'y a nulle sujection d'une chambre à l'autre. Le vin et le pain y sont mauvais. C'est une bonne nation, libre, sensée, officieuse (¹). Toutes les loix du païs sont religiusement observées. Tous les ans ils refreschissent dans un tableau audevant du grand being, en langage Allemand et en langage François, les lois cy-dessoubs escrites.

Claude de Rynach, chevalier, seigneur de St-Balesmont, Montureuelz en Ferrette, Lendacourt, etc., conseillier et chambellan de nostre souverain seigneur monseigneur le Duc et son bally de Vosges :

« Sçavoir faisons, que pour le repos asseuré et
« tranquillité de plusieurs dames et autres person-
« nages notables affluans de plusieurs regions et païs
« en ces beings de Plommières, avons, suivant l'inten-
« tion de son Altesse, statué et ordonné, statuons et
« ordonnons ce qui suit :

« Sçavoir est, que l'antienne discipline de correction
« pour les fautes legieres demeurera ès mains des
« Allemands, comme d'antienneté ; ausquels est en-
« joint faire observer les cérémonies, status et polices
« desquels ils ont usé pour la decoration des dits
« beings et punition des fautes qui seront commises
« par ceus de leurs nations, sans exception de per-
« sonnes, par forme de rançon, et sans user d'aucuns
« blasphemes et autres propos irreverens contre
« l'église catholique et traditions d'icelles.

« Inhibition est faite à toutes personnes, de quelle

---

(1) Montaigne se montre meilleur observateur que l'Allemand Camérarius.

« qualité, condition, region, et province qu'ils soient,
« le provoquer de propos injurieus et tendans à que-
« relle, porter armes esdits beings, donner desmenty,
« ny mettre la main aux armes, à peine d'estre punys
« griefvement, comme infracteurs de sauve-guarde,
« rebelles et desobéissants à son Altesse.

« Aussi à toutes filles prostituées et impudiques
« d'entrer ausdits beings ny d'en approcher de cinq
« cens pas, à peine du fuët (fouet) des quatre carres
« (coins) des dits beings. Et sur les hostes qui les
« auront reçues ou recelés, d'emprisonnemant de
« leurs personnes et d'amande arbitraire.

« Soubs même peinne est defendu à tous user en-
« vers les dames, damoiselles et autres fames et filles,
« estans ausdits beings, d'aucuns propos lascifs ou
« impudiques, faire aucuns attouchemens deshon-
« nestes, entrer ni sortir desdits beings irreveremmant
« contre l'honnesteté publique.

« Et parce que, par le benefice desdits beings,
« Dieu et nature nous procurent plusieurs guerisons
« et soulagemens, et qu'il est requis une honnête
« mundicité (propreté) et pureté, pour obvier à plu-
« sieurs contagions et infections que s'y pourroient
« engendrer, est ordonné expressément au maistre
« desdits beings, prendre soingneuse garde et visiter
« les corps de ceux qui y entreront, tant de jour que
« de nuit, les faisant contenir en modestie et silence
« pendant la nuit, sans bruit, scandale ni derision.
« Que si aucun personnage ne lui est à ce faire obéis-
« sant, il en face prompte delation au magistrat, pour
« en faire punition exempleirement.

« Au surplus est prohibé et defendu à toutes per-

« sonnes venans de lieus contagieus, de se présenter
« ny aprocher de ce lieu de Plommières, à peine de
« la vie ; enjoignant bien expressemant aus mayeurs
« (maires) et gens de justice d'y prendre soingneuse
« garde, et à tous habitans dudit lieu de nous donner
« billets, contenans les noms et surnoms et residence
« des personnes qu'ils auront reçeus et logés, à peine
« de l'emprisonnemant de leurs personnes.

« Toutes lesquelles ordonnances cy dessus declarées
« ont esté ce jourd'hui publiées audevant du grand
« being dudit Plommieres, et copies d'icelles fichées
« (affichées) tant en langue françoise qu'allemande,
« au lieu plus proche et plus apparent du grand
« being ; et signé de nous. *Bally* (bailli) *de Vosges.*
« Donné audit Plommieres le 4ᵉ jour du mois de Mai
« l'an de grâce notre Seigneur mil cinq cens... »

LE NOM DU BALLY.

Nous arrestames audit lieu depuis ledit jour 18ᵉ jusques au 27ᵉ de Septembre. M. de Montaigne beut (but) onze matinées de ladite eau, neuf verres huit jours, et sept verres trois jours, et se beigna cinq fois (¹). Il trouva l'eau aysée à boire et la rendoit tousjours avant disner. Il n'y connut nul autre effect que d'uriner. L'appetit, il l'eut bon ; le sommeil, le ventre, rien de son état ordinaire ne s'empira par cette potion. Le sixième jour il eut la colique très vehemente, et plus que les siennes ordineres, et l'eut au costé droit, où il n'avait jamais senti de doleur qu'une bien legiere

---

(1) Montaigne était devenu fort sujet à la colique néphrétique et à gravelle, *par la libéralité des ans*, comme il disait: *Essais, liv. 2, chap. 97.* Il estimait le bain très salubre.

à Arsac, sans opération. Cette ci lui dura quatre heures, et sentit evidemment en l'opération et l'écoulement de la pierre par les ureteres et bas du ventre. Les deux premiers jours, il rendit deux petites pierres qui estoient dedans la vessie et depuis par fois du sable. Mais il partit desdits beings estimant avoir encore en la vessie la pierre de la susdite colique, et autres petites, desquelles il pensoit avoir senti la descente Il juge l'effect de ces eaus et leur qualité pour son regard (à son égard) fort pareilles à celles de la fontaine haute de Banieres (Bagnères) où est le being. Quant au being, il trouve de très douce temperature ; et de vray les enfans de six mois et d'un an sont ordinairement à grouiller dedans. Il suoit fort et doucement. Il me commanda, à la faveur de son hostesse, selon l'humeur de la nation, de laisser un escusson de ses armes en bois, qu'un pintre dudit lieu fit pour un escu, et le fit l'hostesse curieusement attacher à sa muraille par le dehors (1). Le dit jour 27e de septembre, après disner, nous partimes et passames un païs montaigneus, qui retentissoit partout soubs les pieds de nos chevaus, comme si nous marchions sur une voute ; et sembloit que ce fussent des tabourins qui tabourdassent autour de nous et vinsmes coucher à

REMIREMONT, deux lieues. Belle petite ville et bon logis à la Licorne ; car toutes les villes de Lorrene (c'est la derniere) ont les hostelleries autant commodes et le tretemant aussi bon qu'en nul endroit de France.

---

(1) Les armes de Montaigne étoient d'azur semé de tresfles d'or à une *patte* de lion de même, armée de gueule mise en fasce, (*Essais, liv. I. chap. 46*).

Là est cette abbaïe de relligieuses si fameuses, de la condition de celles que j'ay dittes de Poussai. Elles pretendent, contre M. de Lorrene, la souveraineté et principauté de cette ville (¹). MM. d'Estissac et de Montaigne les furent voir soudain après estre arrivés, et visitarent plusieurs logis particuliers, qui sont très baus et très bien meublés. Leur abbesse estoit morte, de la maison d'Inteville, et estoit-on après la creation d'une autre, à quoi pretendoit la sœur du conte de Salmes. Ils furent voir la doïene qui est de la maison de *Lutre* (Ludre), qui avoit faict cet honneur à M. de Montaigne, d'envoyer le visiter aux beings de Plommieres, et envoïer des artichaus, perdris et un barril de vin. Ils apprindrent là, que certains villages voisins leur doivent de rente deux bassins de nege (neige), tous les jours de la Pentecouste (²); et à faute de ce, une charrette attelée de quatre beufs blancs. Ils disent que cette rante de nege ne leur manque jamais ; si est qu'en la saison que nous y passames, les chaleurs y estoint aussi grandes qu'elles soient en nulle saison en Guascogne. Elles n'ont qu'un voile blanc sur la teste et audessus un petit loppin de crêpe. Les robes, elles les portent noires de telle étoffe et façon qu'il leur plaist, pendant qu'elles sont sur les lieux ; ailleurs, de couleur ; les cotillons à leur poste, et escarpins et patins ; coeffées au dessus de leur voile, comme les autres. Il leur faut estre nobles de quatre

---

(1) L'abbesse se glorifie *N... par la Grace de Dieu, humble Abbesse et Souveraine de Remiremont, Princesse du Saint Empire* ; mais ces qualités fastueuses, apparemment mal fondées, furent interdites aux Abbesses de ce Chapitre, par un Arrêt de la Cour Souvéraine et parlement de Lorraine, du 19 avril 1733. *Voyez le Code Stanislas, tom. I.*

(2) Voyez les *Kiriolés.*

races (générations) du coté de pere et de mere. Ils prindrent congé d'elles dès le soir. Lendemein, au point du jour, nous partismes de là. Comme nous étions à cheval, la doïenne envoïa un gentil'homme vers M. de Montaigne, le priant d'aller vers elle, ce qu'il fit ; cela nous arresta une heure. La compagnie de cet dame lui dona procuration de leurs affaires à Rome. Au partir de là, nous suivimes longtems un trés beau et trés plaisant vallon, coutoiant la rivière de Moselle et vinsmes diner à

Bossan (¹), (Bussang), quatre lieues. Petit meschant village, le dernier du langage français, où MM. d'Estissac et de Montaigne revetus de souguenies (souquenilles) de toile qu'on leur préta, allarent voir des mines d'argent, que M. de Lorrene a là bien deux mille pas dans le creus d'une montaigne. Après disner, nous suivimes par les montaignes où on nous montra, entre autres choses, sur des rochers innaccessibles, les aires où se prennent les autours (²), et ne coustent là que trois testons du païs, et la source de la Moselle ; et vinsmes soupper à

Tane (Thann), quatre lieues. Première ville d'Allemaigne, sujette à l'empereur, très belle. Lendemein au matin, trouvames une belle et grande plene flanquée à main gauche de coutaus pleins de vignes, les plus belles et les mieux cultivées, et en telle estandue, que les Guascons qui estoint là, disoint n'en avoir jamais veu tant de suite. Les vandanges se faisoint lors.

---

(1) On n'y avait pas encore découvert les eaux minérales qui ont fait la réputation de cette localité.
(2) Les oiseaux de proie qu'on élevait pour la chasse.

VOYAGE DE DOM RUINART (1696)

NOTICE

Dom Ruinart né à Reims en 1647, prit l'habit de bénédictin à 17 ans. Ses prédilections pour l'histoire ecclésiastique le firent nommer collaborateur du savant Mabillon et il s'associa à ses travaux à St-Germain-des-Prés en 1682. A l'imitation de son maître qui avait rapporté d'Allemagne et d'Italie un immense butin littéraire et historique, il entreprit en 1696 le voyage de Lorraine et d'Alsace où il se rencontra avec son illustre collègue dans quelques rendez-vous. Il consulta les archives des églises, des abbayes et des couvents, et s'il parle d'autres monuments ou des beautés de la nature, c'est plutôt pour marquer la route et peindre ses émotions dans sa course rapide. Il ne manque ni d'intérêt ni de sensibilité dans les récits et les descriptions. Il mourut en 1709. Mabillon, qui en avait fait son disciple, se plaît dans tous ses ouvrages à combler d'éloges le compagnon de ses courses littéraires et de ses immenses travaux.

Le 13 (septembre) [1], nous traversâmes d'abord la ville de Raon qui est placée sous la juridiction de Moyenmoutier, puis le petit village de St-Blaise où, au témoignage de Richer, s'élevait le monastère de Beggon. Enfin nous arrivâmes à l'abbaye de Moyenmoutier où le R. P. Prieur et les autres pères du lieu nous reçurent avec toute la cordialité possible. Le très illustre abbé était absent ; il nous avait attendu assez longtemps, mais ayant ouï dire que nous devions aller à Metz, il s'était porté en toute hâte pour l'Alsace, en recommandant toutefois que, quelle que fût l'heure de notre arrivée à Moyenmoutier, on l'en avisât aussitôt.

---

[1] *Voyage littéraire en Alsace et en Lorraine* de Dom Thierri Ruinart (en latin), dans les œuvres posthumes de D. Jean Mabillon et de D. T. Ruinart, 3 vol. in 4°, 1724. T. 3° p. 411-499. (En latin). Il a été publié en français par M. l'abbé Marchal. (*Recueil de documents sur l'Histoire de Lorraine, 1862*). Nous en donnons ici une traduction nouvelle.

Situé entre deux montagnes, dans les solitudes des Vosges, ce monastère tire son nom de la situation qu'il occupe au milieu de quatre autres abbayes. Il est arrosé par une rivière ou plutôt par un torrent, nommé le Rabodeau, peut-être à cause de la rapidité de son cours, d'où Richer le nomme le ruisseau pierreux (petrosus) (1). Après bien des vicissitudes qui lui sont communes avec les autres monastères, il garde encore aujourd'hui sa célébrité, entouré qu'il est de murs solides, embelli de charmants édifices, et, ce qui est encore bien préférable, fortement attaché à l'observation de la règle sous la direction du Rév. D. Haigulfe (1) Alliot sorti du sein de la congrégation et qui n'a rien négligé pour rendre à l'abbaye son antique splendeur. C'est le premier monastère de Lorraine où fut rétablie une plus stricte observance de la règle, et après son union avec le monastère de St-Viton (St-Vanne), il adopta le nom de congrégation de St-Vanne et de St-Hydulfe.

Le fondateur de Moyenmoutier est St-Hydulfe, archevêque de Trèves, que l'on croit fort probablement avoir vécu vers la fin du septième siècle. Son saint corps est conservé dans une châsse d'argent qui remonte à plus de sept cents ans. C'est d'elle qu'on tire, avec plus de certitude que de tout autre monument, ce qu'on a raconté d'Odile et d'autres circonstances de la vie d'Hydulfe, car on y a gravé quatre vers qui en confirment la vérité historique. Le bras

---

(1) D. RUINART fait erreur sur le nom de *Petrosus rivulus*; celui-ci est le Pierri ou le Paire, suivant RICHER, lequel traversait le cloître de Moyenmoutier et se jette dans le Rabodeau.
(2) *Haigulfe* est une erreur; il faut lire *Hyacinthe*.

de ce même saint est enfermé séparément dans un bras d'argent avec cette inscription : *L'abbé nommé Gérard de Belval a fermé ce reliquaire de St-Hydulfe, 1445.*

> Oui c'est ton bras qu'ici, Hydulfe, on doit chercher,
> Quoique de tes os chers ait disparu la chair (1).

Or le local étroit ne pouvant contenir tous ceux qui se réfugiaient dans le monastère, le saint prélat prit soin de faire construire quelques *cellules* dans les solitudes voisines. Richer en nomme sept : le ban de Sapt (Abietes), Saint-Jean, Hurbach (Orbacum) St-Prayet (Sanctus Praejectus), Visevaux, St-Blaise (Begonis cella) et Haute-Pierre. Cette dernière est sur le sommet d'une montagne fort élevée; du haut de son rocher, elle domine au nord le monastère même, et on la voit encore aujourd'hui. Toutefois on apportait à Moyenmoutier les dépouilles des frères qui mouraient dans ces retraites et on les ensevelissait dans un cimetière commun qui existe encore sur la colline voisine de l'église au midi. Nous le visitâmes ; il est tout couvert de pierres tombales dont un grand nombre sont fort anciennes. Dans une chapelle qui y est construite on voit aussi la tombe de pierre du bienheureux Hydulfe, et trois autres moines, Spinule, Jean et Bénigne, qui avaient vécu dans une parfaite sainteté à St-Blaise, y ont été aussi enterrés, dit-on. Leurs saints corps, relevés de terre, sont gardés dans la grande basilique avec les restes de St-Maximin, archevêque de Trèves.

---

(1) Esse tuum certum reor nunc, HYDULFE, lacertum,
Quamvis a charo fugerit osse caro.
Je ne fais que traduire, on le voit, le jeu de rimes et le jeu de mots du dernier vers.

Nous avons trouvé, dans un vieux calendrier du monastère de St-Grégoire, du 7e siècle au moins, qu'on célébrait les fêtes de St-Jean et de St-Bénin le 6 des Ides de novembre. L'abbé St-Maur, disciple de St-Benoît, est invoqué le 15 janvier. Ce manuscrit appartint jadis au monastère de la vallée de St-Grégoire ; là aussi les cycles de Pâques se présentent avec quelques histoires que le révérend abbé prit soin de nous faire connaître. Dans un autre manuscrit, à la suite des rites de la célébration de l'office divin selon la coutume de l'église de Toul, sont rapportés les privilége de la même église publiés par Bertrand de la Tour le 24 octobre 1359. Il y a un autre manuscrit, des années 600 à 700, où l'on trouve douze homélies de Puselius, évêque de Césane (*Caesanensis*), un sermon attribué à St-Fulgence, avec deux autres qui portent tous deux le même titre « *Sermon pour la correction de ceux qui par ivresse se conduisent mal les jours de fête et contre ceux qui, assis au tribunal de la justice, acceptent des présents par dessus la tête de l'innocent.* » Dans un lectionnaire, de 700 ans environ, parmi d'autres homélies, on en rencontre trente du moine Remy, ou d'Autosiodore. Ceux qui se rapportent au sacrement de l'Eucharistie ont été décrits par le R. P. D. Hyacinthe Alliot, neveu du seigneur abbé de ce nom. Quant au nécrologe, nous en avons tiré quelques noms d'abbés et d'autres hommes illustres du pays.

Le 14, nous arrivâmes au monastère de Senones qui est gouverné par le R. D. Pierre Alliot frère de l'abbé de Moyenmoutier, membre, lui aussi, de la congrégation de St-Viton. Sa situation est un peu plus agréable que la vallée un peu large de Moyenmoutier et les lieux sont surtout bien disposés pour une institution monastique. Il y a là deux églises : l'une est dédiée au prince des apôtres, c'est celle des religieux ; l'autre, en l'honneur de Ste-Marie, est bâtie en forme de rotonde et paraît contemporaine de la naissance du monastère. Le R. abbé nous en fit faire un dessin colorié avec les dimensions et il nous apprit qu'il existait une pareille rotonde à *Hugoncourt* (1) village qui est à trois ou quatre lieues de Senones. Elle a été restaurée par l'abbé de Senones, Antoine, dont le portrait se voit encore sur un vitrail. Dans le nécrologe, le 6 des calendes de novembre, on le voit loué pour sa restauration de l'ancienne église de Senones.

Le premier fondateur est St-Gondelbert, archevêque de Sens en Gaule, qui, à la fin du 7e siècle, quittant son siége, vint dans les Vosges et après y avoir élevé un monastère dans une vaste solitude, qu'il appela Senones du nom de son siége épiscopal, il y vécut très longtemps dans la sainteté. On lit dans le nécrologe, le 6 des calendes de novembre « Commémoration de St-Gondelbert fondateur et maître de ce lieu. » Cependant sa fête ne se voit nulle part dans le martyrologe de Senones, qui est écrit depuis plus de 500 ans. Au 3e jour des calendes de février, on y lit : « *Sommeil éternel* (mort) *de Ste-Bathilde, vierge du Christ* ; quoique mère d'un grand nombre de fils, elle avait pris l'habit de nonne, dans lequel elle mou-

---

(1) *Hugoncourt* est assurément une erreur, il n'y a rien qui ressemble à ce nom dans la Meurthe ni dans les Vosges. Nous ne saurions affirmer s'il s'agit de Vexaincourt qui est à trois lieues de Senones.

rut ». Il s'appelle aussi le val de Galilée. Pierre Damiens dit de lui qu'il a été construit dans un lieu qu'on nomme *Grandiavium* (1).

La bibliothèque contient peu de livres ; mais les manuscrits ne sont pas à dédaigner. Il y a entre autres un manuscrit des évangiles qui date d'environ 800 ans et qui porte cette inscription : « *A Dieu et à son Seigneur St-Pierre, pour le remède de son âme, Suthard, abbé de Senones a offert ce livre* »; la chronique de Senones du moine Richer, qui a été publiée dans le tome III du Spicilège d'Achery ; un nécrologe, commencé depuis 700 ans et un martyrologe depuis 500 ; un bréviaire de l'église de Toul, qui a trois cents ans, d'où nous avons tiré bien des choses. Nous vîmes aussi le traité de maître Etienne de Paris contre la règle de St-Benoît, lequel date du 15º siècle environ; on a placé en tête la lettre qui commence en ces termes : *Venerabili patri et D. venerando Rofredo Insulano divina providentia etc.*

Comme nous étions occupés à feuilleter ces antiques manuscrits, arrivèrent les deux très révérends abbés de Senones et de Moyenmoutier qui se jetèrent aussitôt dans nos bras et il est impossible d'exprimer quelles furent leur joie et la nôtre et la tendre effusion mutuelle de nos cœurs. Nous partîmes après cela pour Moyenmoutier, pour revenir le lendemain à Senones, afin que chacun des abbés nous reçût dans son monastère.

---

(1) C'est dans la vie de St-Hydulfe qu'on trouve cette dénomination. Elle semble indiquer seulement un *grand* désert *sans voies* de communication, ce qui convenait très bien alors au pays qui entoure Senones. Voir notre *Etude géographique sur les possessions de Senones*, in-8º 1879.

Le 16, après la messe, dès le grand matin, divisés en deux bataillons nous nous mîmes en route. Mabillon, à qui les deux abbés faisaient la conduite, tourna à droite pour se rendre en Alsace Pour moi comme j'avais l'intention de parcourir la fameuse montagne de Frankenberg (1), je pris la gauche avec les autres. Allant par des chemins qui n'en étaient pas, marchant à travers les pierres et les roches, tantôt à pied, tantôt à cheval, nous parvînmes par dessus une suite de montagnes à la plus élevée de toutes, et nous nous trouvâmes dans une vaste plaine, dont les arbres étaient abattus et qui était appropriée à l'éducation du bétail : ces lieux se nomment *chaumes*. Après avoir avancé quelque temps, sans éprouver de changement d'air, au milieu de la brume, nous rencontrâmes quelques cabanes construites en bois de sapin, sans l'emploi du ciment ou de la poix, que les Lorrains appellent *marcaireries* et dont les habitants se nomment *marcaires*. C'est à ces derniers, au commencement du printemps, que l'on confie ou plutôt qu'on loue le bétail, après avoir stipulé ce qui doit en revenir à chaque propriétaire. Arrivés aux *chaumes* avec leurs bœufs et leurs vaches, les gardiens y demeurent jusqu'en octobre, séquestrés du genre humain et n'ayant guère d'autre nourriture que du laitage. A la place du pain qu'ils ne peuvent se procurer qu'autant que les blés sont à vil prix, ils mangent un fromage assez épais et sans goût. Chaque jour ils appellent à eux, chacune par son nom, leurs vaches qui leur obéissent

---

(1) Le Donon. Ce sont les anciennes cartes allemandes qui l'appelaient *Frankenberg*, dont *Framont* est évidemment le synonyme.

au point qu'elles se rendent toutes sur le champ à l'appel. Après la traite, elles reçoivent pour récompense un peu de sel. Ces bêtes sont, au reste, tellement familiarisées avec ces régions, qu'au commencement du printemps elles se rendent spontanément sans leurs guides sur les montagnes et reviennent de même au village au mois d'octobre.

Sur les sommets de ces hauteurs, on trouve un grand étang que le vulgaire appelle *Mara*, et de leurs flancs s'échappent sans cesse les eaux qui forment les ruisseaux ou les torrents qui animent partout ces vallées. Outre plusieurs autres qui n'ont pas grande importance, la Meuse, la Moselle, la Saône, l'Ill et la Meurthe y prennent leur source ([1]).

Après cette visite, nous descendîmes aux mines de fer ([2]). Elles se trouvent aux pieds de la montagne dont le sommet porte le château de Salm ([3]), qui a été le berceau de la famille des comtes et princes de ce nom.

Une nouvelle course par dessus d'autres montagnes nous conduisit dans une plaine assez agréable qu'arrose une source qui jaillit de son sein. On y voyait les restes d'une ancienne métairie que l'abbé de Moyenmoutier avait achetée et fait réparer pour servir de halte aux personnes qui se rendent sur ces montagnes

---

(1) Ces rivières prennent leur source dans les pays vosgiens ; l'Ill, la Meurthe et la Moselle seules descendent de la chaîne des Vosges. Par l'étang *Mara*, l'auteur a voulu sans doute désigner l'étang de la Maix, puisqu'il est le seul qu'on trouve dans cette région, mais il n'en parle que par ouï-dire, car il n'est ni grand, ni au sommet de ces hauteurs.

(2) A Framont.

(3) Il n'en reste presque rien.

d'autant plus que les chevaux ne peuvent aller au-delà. Aussi y ayant pris un léger repas et renvoyant nos chevaux, nous arrivâmes enfin, au bout d'une marche d'une lieue, au pied du Frankenberg, appelé Deux-Monts (1), par les habitants du pays, parce qu'en effet il y a comme une seconde montagne qui s'élève au-dessus des autres. D'où nous étions, elle est tellement taillée à pic qu'on ne peut y monter qu'en rampant sur une terre molle et des herbes agrestes. On y voit un rocher presque abrupte partout, qui vers l'ouest forme comme une forteresse et s'appuie sur deux autres comme sur un double rempart. Nous n'y parvînmes que par les trous et les fentes des rochers. Nous eûmes alors devant les yeux une plate-forme de 100 pieds de large, sur quatre cents de long, terminée par un autre rocher plus élevé. Ayant fait environ cent pas dans cette espèce de plaine, nous trouvâmes les restes d'un ancien édifice, qui avait, entre les murailles, 37 pieds de long, sur 28 de large, et dont la hauteur, comme on peut le conjecturer d'après les pierres qui en restent, était de 13 pieds. Il y avait deux portes, l'une vers l'est, l'autre vers l'ouest, de cinq pieds de haut et deux de large, et autant de fenêtres, l'une au nord, l'autre au sud, toutes deux hautes de cinq pieds et larges de quatre. Cet édifice est bâti en pierres de taille carrées, jointes avec tant de solidité, qu'il est plus facile, comme on l'a éprouvé, de les mettre en morceaux que de les séparer ; aussi n'avons-nous pu savoir si c'était le fer, le ciment ou le

---

(1) Cette étymologie du mot *Donon* est inacceptable, comme les données géographiques de D. Duraxt.

plomb ou quelque autre matière qui les attachait l'une à l'autre (¹).

Cet édifice a été habité, ainsi qu'on le voit par des débris de tuiles et de charbons, qu'on trouve assez souvent en fouillant la terre. Il a été sans doute ravagé par le temps et même par l'incendie.

A quinze pas plus loin, il avait été élevé une colonne carrée, haute d'environ 29 pieds, comme on peut s'en assurer par les pierres qui en restent. Ce monument se divisait en trois parties ; c'étaient en quelque sorte trois colonnes superposées dont chacune avait sa base et son chapiteau ; enfin sur cette masse avait été érigée une statue qu'on n'a pu encore retrouver parmi les ruines, quelque soin qu'on y ait mis.

Sur la base inférieure de la colonne étaient gravées des inscriptions, comme nous l'avons pu voir par quelques traces de lettres à moitié effacées. Tous nos efforts pour recomposer du moins quelques mots n'ont pu aboutir et nous n'avons pu en déterminer que les syllabes que d'autres de notre ordre avaient déjà devinées.

A vingt-cinq pas de là, on trouve un second édifice en tout semblable au premier et plus loin un troisième à pareille distance. En face du second, vers le nord, on remarque les vestiges d'un puits que le temps a comblé (²).

Après avoir visité tous ces édifices, nous arrivâmes

---

(1) La démolition de cet édifice a eu lieu au commencement du 17ᵉ siècle pour employer les pierres à la construction des réservoirs d'eau des forges de Framont; on a pu reconnaître qu'elles n'étaient liées que par des crampons de fer. (Voir JOLLOIS).

(2) On peut juger d'après cette description *de visu* à quels outrages des hommes plutôt que du temps le plateau du Donon a été exposé

au rocher le plus élevé dont la face méridionale présente un bas-relief (¹) sculpté sur la pierre même, représentant le combat d'un lion contre un sanglier. Le lion furieux, la gueule ouverte comme pour dévorer le sanglier, s'élance sur lui ; l'autre, prêt à la défense, tournant le dos à la roche qui se rétrécit, se tient sur un terrain un peu plus élevé. Sous cette sculpture se lisent les deux mots suivants, gravés en caractères romains, le premier sous le lion, le deuxième sous le sanglier.

BELLICcVS SVRBVR

Puis étant parvenus, en nous aidant des mains et des pieds, par les ouvertures des pierres, au sommet du rocher qui s'élève de quinze pieds au-dessus du plateau de la montagne, nous vîmes une autre petite plaine de forme ovale, ayant environ cinquante pieds de long, sur vingt-cinq de large. Le ciel était serein ; il était deux heures après-midi, et comme cette montagne est plus élevée d'un tiers que celles qui l'environnent, nous les eûmes toutes comme à nos pieds. Aussi la vue s'étend assez facilement sur les régions situées des deux côtés du Rhin jusqu'à la Forêt-Noire. On ne pourrait compter les villes et les villages qu'on aperçoit de si haut.

Nous nous y reposâmes un moment, puis allant parcourir cette hauteur dans tous les sens, nous y aperçûmes un grand nombre de statues antiques surtout au nord et à l'est, et il n'est pas douteux qu'en

---

(1) Ce bas-relief, détaché du rocher, est au musée d'Epinal et n'a pu encore être interprété d'une manière satisfaisante. La fantaisie s'y est donné carrière.

fouillant la terre on n'en trouve beaucoup plus. Nous n'en avons pas rencontré une seule qui fût entière ; elles n'ont plus que le tronc.

Les pierres qui ont servi à ces sculptures sont pour la plupart tirées des lieux voisins, sauf un petit nombre qui ne paraissent point être de ce pays. Le travail n'est point barbare, si j'en juge bien, mais il sort de mains peu exercées dans l'art de la statuaire. Quelques-unes de ces statues sentent la touche de Rome, et même, si la mémoire ne me fait pas défaut, j'en ai vu une d'un homme portant le costume militaire des Romains. Pendant notre séjour à Moyenmoutier, on nous avait fait voir une tête de femme qui provenait du Donon et qui est tout à fait digne de l'art romain. Ces statues représentent des divinités ou leurs ministres ; nous avons vu plus d'un Mercure portant le caducée dans la main gauche et une bourse dans la droite. Il y a aussi une femme, peut-être une bacchante, qui tient dans sa main des serpents qui se tordent ; d'autres gisent à terre. Une autre, ayant un coq à ses pieds, est peut-être une Pallas. Sur une autre pierre sont sculptées deux figures, celle d'un homme et celle d'un enfant. Il y en a beaucoup d'autres encore ; mais nous n'y avons rien remarqué d'important.

Ce serait ici le moment de parler de l'époque et du peuple auxquels peuvent appartenir ces monuments, mais l'abbé de Moyenmoutier, dans une lettre adressée à son frère, médecin du roi, a déjà traité assez longuement ce sujet. Comme il est venu plus d'une fois dans ce lieu, il donne deux opinions qui se trouvent dans le *Journal des Savants*. D'après une ancienne tradition, appuyée de l'autorité de l'abbé de Trittenheim, ces ouvrages appartiendraient aux Francs dont le nom a été donné à la montagne dite Frankenberg ou mont des Francs, parce que nos premiers rois y auraient eu leurs tombeaux. Voilà la première. D'autres au contraire attribuent ces monuments aux Romains qui les auraient érigés en mémoire de quelques peuples vaincus. Pour moi, je les regarde comme l'ouvrage des Gaulois qui, à l'époque où ils étaient mêlés aux Romains, célébraient, sans doute, leur culte sur ces hauteurs, suivant la coutume des païens (1). Mais notre but n'est pas de poursuivre longuement ce sujet, il nous suffit d'avoir en ce récit représenté avec une plume sincère les objets que nous avons eus sous les yeux.

Après quelques heures passées sur cette montagne, comme le soleil descendait sur l'horizon, nous songeâmes à la retraite, bien que sur un lieu si élevé le le jour dût encore durer pour nous plus longtemps, et ce fut à regret, car nous espérions faire encore quelque découverte.

Nous ne pûmes revoir sans frayeur les précipices que nous avions à nos pieds et qui durant la montée nous avaient paru moins abruptes. Remontant sur les chevaux que nous avions laissés dans la métairie, nous prîmes la route de l'Alsace. Quand nous eûmes fait quelque chemin dans une sombre vallée, nous fûmes surpris par une nuit tellement obscure que nous ne pouvions apercevoir la route à nos pieds. Outre les ténèbres de la nuit, les branches épaisses et sombres

---

L'opinion de D. Ruinart est celle de tous les archéologues modernes.

des sapins nous enlevaient encore le peu de lumière qui venait du ciel.

Nous cheminions sur la pente d'une montagne que nous avions à droite, tandis qu'à gauche la *Bruche* (1) qui roulait sur des pierres ne se faisait connaître que par le bruit de ses eaux. Il nous parut plus sûr, à cause des roches que nous rencontrions, de faire notre route à pied que sur nos chevaux qui bronchaient à chaque instant, et cette idée nous vint fort heureusement à l'esprit, car un domestique, qui nous suivait sans avoir pris cette précaution, roula avec son cheval dans le précipice où nous appelèrent bientôt ses cris et d'où nous eûmes beaucoup de peine à le retirer.

Dans ces embarras et après être allés encore un peu plus loin, nous trouvâmes un sentier que nous suivîmes et qui nous conduisit dans une plaine d'où nous vîmes une scierie sur l'autre rive du torrent. Nous espérions y trouver un guide; mais après avoir en vain longtemps appelé, car la cabane n'avait pas d'habitant et il y avait danger à traverser le torrent pour s'y rendre, nous reprîmes notre premier chemin malgré les difficultés d'une marche de nuit et ce fut heureux pour nous, car à deux ou trois mille pas de là, nous arrivâmes à La Neuveville (2) où nous résolûmes de passer

---

(1) L'auteur se trompe encore. Le ruisseau qu'il côtoyait vient du Donon, passe à Grandfontaine, à Vaquenoux et se jette dans la Bruche à Schirmeck.

(2) Le nom de Neuveville a disparu pour faire place à celui de Schirmeck. Il n'y avait là qu'une substitution de noms. Le château féodal de Schirmeck, situé à mi-côte, autrefois repaire inaccessible de quelque baron titré, avait été détruit comme tant d'autres, et peu à peu s'était élevée à ses pieds une *ville neuve* qui prit son nom de sa nouveauté même, et comme le nom de Schirmeck restait dans les traditions populaires, il n'y a rien d'étonnant qu'il ait prévalu sur celui de La Neuveville qui n'avait pas d'histoire. Ce nom se retrouve dans un bois qui appartient à Schirmeck.

la nuit. Le lendemain, 17 septembre nous passâmes la Bruche et entrâmes en Alsace.

(Nous ne suivrons pas les voyageurs en Alsace. Nous les reprendrons à Saint-Amarin aux pieds des Vosges d'où ils vont entrer dans la vallée de la Moselle).

J'arrivai vers la fin du jour à S*t*-Amarin, qui était autrefois une ville assez populeuse et qui n'est plus qu'un petit bourg, composé de quelques maisons à moitié ruinées, depuis que les Suédois l'ont ravagé par le feu. On y trouve pourtant des auberges, mais elles sont incommodes dans cette contrée, parce qu'on n'y fait point de feu dans des cheminées ouvertes, mais dans des fourneaux ou poëles, dont la chaleur ne parvint que lentement à sécher nos vêtements trempés de pluie.

Le lendemain, nous partîmes de très grand matin, gravissant par les chemins les plus rudes et à travers les rochers, le mont *Bussan* qui est à peu près entre l'Alsace, le comté de Bourgogne et la Lorraine. On trouve sur sa cîme une source d'eau minérale analogue à celle de Soulzbach. La pluie s'étant jointe aux désagréments de la route et le vent qui secouait les arbres versant sur nous l'eau qu'ils avaient reçue, nous fûmes tellement inondés, que nous n'avions rien de sec sur le corps.

Sur la pente de la montagne nous vîmes la Moselle se grossir de ruisselets qui, réunis, forment d'abord un torrent, puis une rivière à quelques milles plus loin. En suivant la rive de la Moselle nous atteignîmes Létraye, où après avoir assisté à la messe de la fête de S*t*-Michel, nous dînâmes dans une salle à peu près ouverte, que le vent aérait par les fentes des fenêtres mal bouchées. Le feu allumé, et des fagots humides avec leurs feuilles y ayant été jetés, nous nous séchâmes, tant bien que mal, au milieu d'une fumée qui nous arrachait des pleurs. Le dîner achevé, nous remontâmes à cheval et, au soleil couchant, nous entrâmes dans la ville de Remiremont.

Remiremont, situé sur la Moselle, doit son nom à l'insigne chapitre de Chanoinesses séculières. Les flammes ayant détruit, au 10e siècle, l'ancien monastère qui était sur le haut d'un mont, l'empereur Louis III le fit reconstruire dans la plaine voisine. Ce chapitre est gouverné aujourd'hui par la très haute princesse de Salm qui, ainsi que son illustre sœur, la princesse Christine, nous reçut avec es plus grands témoignages de bienveillance Nous y restâmes quelques jours et nous y serions demeurés plusieurs autres encore, si les pressants intérêts de notre voyage n'eussent exigé notre départ. L'église est très vaste. Un tremblement de terre l'ayant ébranlée, il y a quelques années, la princesse abbesse la fit soutenir par des piliers solides. Le pape Léon IX en a consacré lui-même le maître-autel, auquel officient seuls les sept chanoines préposés à l'instruction des vierges de la maison. Derrière cet autel, il en est un autre plus élevé, où l'on garde cinq châsses de reliques principalement de St-Romaric, etc. Là est placé le portrait de Ste-Solitrude avec le voile (*Kolpostegon* en grec) ou, comme on dit, l'amict pectoral et avec le manteau de chanoinesse. C'est de la même manière qu'est représentée sa statue à la porte de l'église et que figurent les abbesses sur leurs tombes. On doit conclure de là que les insignes des nonnes, qui n'existent plus du tout aujourd'hui, ont été longtemps conservées dans cette abbaye.

Dans la sacristie on garde un voile oblong dont on couvre l'autel à des jours déterminés et qu'on dit avoir été donné par le pontife de Rome.

La croix qui a environ 7 à 8 siècles, représente l'image de Notre Seigneur Jésus Christ revêtu de ses habillements.

Le cimetière, qui est derrière l'église, renferme plusieurs tombes anciennes. Dans l'église souterraine, se trouvait jadis une chapelle assez grande, érigée en l'honneur de St-Benoît, mais les modernes l'ont profanée et l'autel est tout à fait détruit, dans la crainte que les chanoinesses ne saisissent l'occasion de se replacer sous la règle de St-Benoît (1).

Le 30 septembre, il y eut une réception. Après les cérémonies qui se font ordinairement en chapitre, toutes les nobles religieuses se rendirent au chœur. Là l'abbesse se tenant debout à sa place, ayant devant elle la nouvelle chanoinesse, lui attacha d'abord je ne sais quelle petite chaînette derrière la tête (*in occipite*), lui mit ensuite un ample manteau sur les épaules, puis lui présenta un peu de pain qu'offrait un servant, lui fit boire une goutte de vin, après quoi la nouvelle nonne fut conduite à sa stalle et enfin commencèrent les prières et l'hymne du *Te Deum*. Nous assistâmes à la procession et à la grand'messe qui fut chantée par les seules chanoinesses d'une façon très solennelle ainsi que les autres parties de l'office divin, sans que

---

(1) C'est, on le voit, à des querelles intérieures qu'est due la première destruction de cette chapelle.

personne les dirigeât. Elles portent des manteaux garnis de fourrures ; pour le reste elles sont semblables aux filles du siècle.

Le chœur est fermé de grillages. Le cloître est très vaste ; chaque religieuse y a sa maison séparée. Il n'est pas permis à un homme d'y passer la nuit, mesure qui est due au zèle et à la piété des illustres princesses. Ce n'est pas que la chose n'ait été défendue antérieurement, mais c'est qu'elles se gardent avec la plus grande attention contre tout acte d'audace.

Le 1ᵉʳ octobre nous gravîmes la montagne où était autrefois le monastère d'Habent. Avant d'atteindre le sommet, nous vîmes le commencement du pont destiné à établir une communication avec la montagne voisine très élevée, où Sᵗ-Arnould, de Metz, s'était retiré. Le peuple appelle cette chaussée le Pont des fées (*Fezzeum*, dans le texte) ; sur la pointe du mont, il y avait autrefois un double monastère (1), que Sᵗ-Romaric fit construire sur l'emplacement de son château vers l'an 620 et qui, de lui, s'est ensuite appelé Romari-Mont. Aujourd'hui depuis que le monastère des femmes a été déplacé, comme nous l'avons dit, on y voit encore celui des hommes, qui, des RR. PP. Bénédictins de la congrégation de Sᵗ-Vanne, s'appelle le Sᵗ-Mont.

Là, outre la grande église où se célèbre chaque jour l'office divin, il existe cinq oratoires disséminés sur la pente de la montagne. Au nord, sont ceux de la Sᵗᵉ-Croix et de Sᵗ-Michel ; au levant, le premier est celui

---

(1) Un pour les hommes, un autre pour les femmes.

de Ste-Claire, ou Ste-Cécile, qui y fut enterrée, et où l'on voit encore son tombeau vide ; le second est de Ste-Marguerite ; le troisième, qui paraît plus ancien que les autres, est divisé en deux ailes, ayant sur leur gauche deux tombeaux antiques, supportés chacun par quatre colonnes, ceux de St-Amé et de St-Romaric, dont les restes ont été transportés avec d'autres reliques dans l'église des chanoinesses et y sont conservés aujourd'hui, à l'exception de quelques petites parties qui se trouvent avec le corps de Ste-Claire dans le grand oratoire du St-Mont. Du reste, on ne voit presque plus de traces d'antiquité que les tombes qu'on retire de la terre ça et là. Sur une pierre carrée, encastrée au dehors dans la partie septentrionale du mur, on voit deux figures d'hommes qui rappellent le travail des Romains, mais la pierre à moitié rongée ne permet pas de déterminer les personnages. La bibliothèque du St-Mont renferme beaucoup de manuscrits et même des plus anciens comprenant divers traités des saints Pères et d'autres opuscules.

Nous descendîmes par le flanc méridional, qui est très escarpé et hérissé de rochers, pour aller voir la grotte, située sur la pente du mont, où St-Amé se retirait pour faire sa pénitence. Cette grotte est si étroite qu'elle peut à peine contenir un homme. Un peu plus bas s'élève l'église paroissiale (1) des villages voisins, dont la porte méridionale est précédée d'un petit portique avec un tombeau ancien sans inscrip-

---

(1) C'est l'ancienne église de St-Amé dont il ne reste que quelques vestiges sur une plate-forme ; elle a été abandonnée en l'an 1742 et remplacée par celle qui a été construite au village de St-Amé, dans la plaine. La grotte existait encore, il y a quelques années.

tion. A environ vingt pas de là est une petite maison habitée par deux ermites.

Le 2 octobre, nous traversâmes la Vologne, qui, réunie au ruisseau sorti du lac de Gérardmer (1), nourrit de petites huîtres renfermant des perles. Sur le sommet de la montagne qui domine la rivière, se dresse le vieux château qu'habitaient les ducs de Lorraine, quand ils faisaient pêcher des perles (2).

De là nous allâmes à Champ, remarquable par son ancienne église, dont on attribue la construction à Charlemagne, et après avoir traversé Bruyères nous entrâmes dans les forêts. Nous franchîmes la montagne au bas de laquelle Renaud, évêque de Toul, fut assassiné avec une cruauté inouïe par Maherus, prévôt de St-Dié, qui avait été chassé du siége épiscopal de Toul. Le soleil venait de se coucher quand nous arrivâmes à Moyenmoutier, laissant à droite la ville de St-Dié et à gauche l'abbaye (d'Etival), de l'ordre des prémontrés, que nous visitâmes le lendemain. Dans la bibliothèque nous vîmes des manuscrits, même quelques chartes et bulles des papes confirmant les priviléges et les biens de ce monastère. Il y a entre autres la bulle d'Eugène III qui témoigne de la fondation de ce monastère par Charles-le-Gros, placé sous la sujétion du monastère d'Andlau, mais confirme l'intro-

---

(1) La Jamagne.

(2) Ce vieux château porte encore aujourd'hui le nom de *Château-sur-Perles*. Ses ruines se voient dans un lieu fort agréable à peu de distance de Docelles. « En la rivière de Voullogne, dit VOLCYR, venant du costé de l'ancienne *tour de Perle*, se trouvent margarites et unions que l'on nomme perles, de bonne apparence et fines ». On ne sait rien sur l'origine et sur l'histoire de ce château, qui a été le sujet d'un poëme non imprimé, faisant partie des archives de la Société d'Emulation des Vosges.

duction des Prémontrés qui avait été consentie par l'abbesse Mathilde, à la condition toutefois que ledit monastère ne perdrait rien de son droit. J'avais l'intention de visiter l'église de St-Dié, qui fut jadis de notre ordre, mais qui depuis bien des siècles déjà était changée en chapitre de chanoines, et la celle de Bodon, qui avait été fondée sous le titre de St-Sauveur, pour des moines, auxquels succédèrent des chanoines réguliers ; mais le peu de temps que j'avais ne me le permit pas. La croix que forment ces cinq maisons est disposée de la façon suivante :

St-Sauveur (1)

Etival-Moyenmoutier-Senones

St-Dié

Le 4, après avoir rendu grâces au R. P. Prieur, à Dom Hyacinthe, qui nous avait accompagnés dans notre voyage, et aux autres moines de Moyenmoutier, nous partîmes et passâmes par Ravon (2) et Baccarat.

---

(1) A seize kilomètres en ligne droite au nord de Senones, dans le département de Meurthe-et-Moselle.
(2) Raon-l'Etape.

VOYAGE LITTÉRAIRE

DE

DEUX RELIGIEUX BÉNÉDICTINS

de la congrégation de St-Maur

NOTICE

Dom Martène et Dom Durant parcoururent pendant six années près de cent évêchés et plus de huit cents abbayes pour y chercher les renseignements nécessaires à une nouvelle édition de la *Gallia christiana*, à laquelle on travaillait dans leur congrégation, et ils recueillirent une ample moisson de documents « dans des champs qui bien souvent étaient en friche ou peu cultivés ». Animés par le zèle de rendre service au public et par la grandeur de l'ouvrage, ils ont contribué par leurs découvertes à corriger, éclaircir et augmenter l'histoire des évêques des Gaules et des abbayes.

La relation de leur voyage (2 vol. in-4°, 1718) est simple et naïve. Ce qu'ils disent de leur passage dans le pays vosgien est très bref, mais n'est pas sans intérêt et ne répète pas ce que l'on connaissait déjà sur les monastères des Vosges.

Nous partîmes de Beaupré pour aller à Moyen-moûtier, où nous arrivâmes le même jour (16 septembre 1709). Comme nous mettions pied à terre, le révérend père abbé Dom Humbert Belhomme (1), président de la congrégation de St-Venne (Vanne), et recommandable par son érudition et par sa prudente conduite, vint aussitôt à nous, et nous donna toutes les marques d'amitié qu'on peut attendre d'un bon cœur. L'abbé de Moyen-moûtier reconnaît pour son fondateur et premier abbé saint Hidulfe, archevêque de Trèves,

---

(1) Auteur de l'*Histoire de Moyenmoutier*, écrite en latin.

qui, ayant quitté son évêché, se retira aux Monts Vôges dans une affreuse solitude et assembla une communauté de religieux, qui vivaient comme des anges. Il y avait autrefois cinq églises dédiées à la sainte Vierge, à saint Pierre, à saint Jean, à saint Martin et à saint Grégoire : celle-ci était hors de l'enceinte dans le cimetière. Saint Hidulfe y fut enterré, et on y voit encore aujourd'hui son tombeau ; mais son corps est dans Nôtre-Dame, dans une belle châsse d'argent, qui a plus de six cents ans d'antiquité. On y conserve aussi ceux de saint Bénigne et de saint Spinule, ses compagnons, et celui de saint Boniface, martyr de la légion Thébaine. L'église de St-Jean était bâtie à l'entrée du monastère pour les séculiers, afin qu'ils ne troublassent point le repos des moines. Cette abbaye a été fort fameuse, et il y a assez d'apparence que c'est dans ce monastère que le pape Léon IX fit profession de la vie monastique ; au moins est-il certain que ses parents s'y sont retirés et y ont demeuré assez long-temps. Le cardinal Humbert, si connu par ses disputes contre les Grecs, en fut tiré. L'union de ce monastère avec celui de saint Venne (Vanne) a donné commencement à la congrégation de saint Venne et de saint Hidulfe, qui a réformé ensuite tous les monastères de France. Il est encore aujourd'hui fort illustre, et les bâtiments magnifiques que le R. P. abbé y fit faire, lui donneront une nouvelle splendeur. La bibliothèque, où il a déjà mis pour plus de dix mille francs de livres, sera aussi une des meilleures du païs. Nous n'y vîmes que quatre manuscrits. L'un, écrit en lettres mérovingiennes l'an troisième du roi Childéric, contient les épîtres de saint Jérôme ; un autre, les homélies que nous avons dans la bibliothèque des Pères sous le nom d'Eusèbe Emissene, mais qui dans le manuscrit portent celui d'Eusèbe, évêque de Césarée.

L'abbaye de Moyen-moûtier est bâtie entre celles de Senones, d'Estival et de St-Dié. Senones n'en est éloigné que d'une lieue. L'abbaye est rebâtie tout à neuf ; on voit à l'entrée de l'église une ancienne figure de saint Pierre, dont la mitre est ronde et pointue comme un pain de sucre. On y conserve les reliques de saint Siméon, évêque de Mets, dans une châsse d'argent. L'abbaye d'Estival, de l'ordre des Prémontrez, est aussi toute rebâtie. L'abbé y a juridiction spirituelle sur quatorze villages. Saint-Dié était autrefois une abbaye de nôtre ordre, qui doit son origine à saint Dié, évêque de Nevers, qui, ayant quitté son évêché pour vacquer aux exercices de la contemplation, se retira dans une solitude affreuse des Monts-Vôges, serrée de tous côtés par les rochers. Il y a aujourd'hui un petit village qu'on appelle le Bonhomme. C'est ainsi que les peuples d'alentour nomment le saint évêque, à cause de ses vertus éclatantes ; et ce nom est resté depuis au lieu de sa retraite. Cette éclatante lumière ne pût pas se cacher si bien dans le creux des montagnes, qu'elle ne répandît fort loin ses rayons. Plusieurs personnes, éclairées et touchées d'un si rare exemple, quittèrent le siècle et se retirèrent auprès de lui pour vivre sous sa conduite. Le nombre de ses disciples s'étant fort augmenté, et le lieu se trouvant trop resserré pour contenir une si grande multitude, il en chercha un plus vaste, où il pût fixer leur demeure. Il le trouva à trois ou quatre lieues de là, et il s'y bâtit un monastère dans une situation fort agréable, quoiqu'environné de montagnes. Ce monastère forma dans la suite une petite ville, qui porte son nom. Il fut sécularisé, il y a plus de six cents ans, et converti en un chapitre considérable, qui a juridiction spirituelle. Le prévôt est habillé de violet et porte la croix comme les évêques. On y voit encore les anciens cloîtres et une chapelle de la vierge qui est aussi très ancienne.

Le R. P. abbé de Moyen-moûtier nous fit l'honneur de nous mener lui-même dans tous ces lieux. Il vint encore avec nous aux abbayes de Péris [1] de l'ordre de Cisteaux, et de Munster dans la vallée [2] Grégorientale, et nous défraya en chemin.

(Les voyageurs parcourent ensuite l'Alsace.)

---

[1] Pairis est entre le lac noir et le village d'Orbey (Alsace).
[2] L'abbaye de Munster avait pour patron saint Grégoire-le-Grand. *Grégorienthal* était le nom allemand de la vallée de Munster.

VOLTAIRE DANS LES VOSGES

NOTICE

Voltaire vint plusieurs fois à Plombières prendre les eaux pour sa santé. Les bains de cette petite station thermale étaient alors fort à la mode. Il ne paraît pas avoir conservé un bon souvenir du séjour qu'il y fit la première fois, à en juger par l'épître suivante, assez faible du reste, dont nous ne donnons que le commencement parce que le reste ne se rapporte plus à Plombières et n'intéresserait pas le lecteur. On l'y revoit ensuite en 1754, mais il semble plus préoccupé d'y rejoindre M. et Mme d'Argental que d'y faire une cure ; il était à Colmar où il travaillait à une *Histoire universelle* qui le préoccupait fort.

Lettre à M. Pallu (extrait).

A Plombières, auguste 1729.

Du fond de cet antre pierreux,
Entre deux montagnes cornues,
Sous un ciel noir et pluvieux,
Où les tonnerres orageux
Sont portés sur d'épaisses nues,
Près d'un bain chaud toujours crotté,
Plein d'une eau qui fume et bouillonne,
Où tout malade empaqueté,
Et tout hypocondre entêté,
Qui sur son mal toujours raisonne,
Se baigne, s'enfume et se donne
La question pour la santé,
Où l'espoir ne quitte personne ;
De cet antre où je vois venir
D'impotentes sempiternelles
Qui toutes pensent rajeunir, etc.

Dans le temps que D. Calmet menait à Senones sa douce vie d'études, Voltaire se trouvait à la petite cour de Stanislas, où Montesquieu travaillait à l'*Esprit des lois* et demandait une place à l'Académie de Nancy, où Helvetius écrivait le poëme du *Bonheur*, où étaient réunies M⁻ᵉ de Graffigny, et M⁻ᵉ du Châtelet, morte si jeune et déjà si célèbre. La réputation de l'abbé de Senones inspira à Voltaire le désir de le voir ; il lui écrivit de Lunéville le 13 février 1748. Ce ne fut que 5 ans après que Voltaire vint à Senones.

« Il y passa, dit un témoin oculaire, environ trois semaines, qu'il employa à converser avec D. Calmet, ou à travailler dans la bibliothèque. Il y vécut en quelque sorte en religieux. Il assista le jour de la Fête-Dieu à la procession et à tout l'office qui se fait ce jour là à Senones avec beaucoup de pompe et de majesté, ayant témoigné être très édifié de cette cérémonie (1). Il fut si content de son séjour, qu'il voulut s'y fixer, et écrivit au coadjuteur pour lui demander de louer la maison abbatiale, où il voulait passer le reste de ses jours. »

Voltaire ne put revenir à Senones, mais il conserva toujours un agréable souvenir de son séjour près du vénérable abbé. Il lui écrivit encore de Plombières en 1755.

A *Dom Calmet, abbé de Senones.*

De Lunéville, 13 février 1748.

Je préfère, monsieur, la retraite à la cour, et les grands hommes aux rois. J'aurais la plus grande envie d'aller passer quelques semaines avec vous et avec vos livres. Il ne me faudrait qu'une cellule chaude, et, pourvu que j'eusse du potage gras, un peu de mouton et des œufs, j'aimerais mieux cette heureuse et saine frugalité qu'une chère royale. Enfin, monsieur, je ne veux pas avoir à me reprocher d'avoir

---

(1) On a voulu taxer d'hypocrisie cette conduite d'un homme si plein de sens que Voltaire. Respectueux des convictions honnêtes et sincères, soit des religieux, soit de la foule des paysans, sans les partager, il agit avec sagesse en ne scandalisant aucun de ces bons chrétiens par son absence. Ce n'est qu'aux hypocrites de religion et à la superstition qu'il avait déclaré une guerre inexorable.

été si près de vous et n'avoir point eu l'honneur de vous voir. Je veux m'instruire avec celui dont les livres m'ont formé, et aller puiser à la source. Je vous en demande la permission ; je serai un de vos moines; ce sera Paul qui ira visiter Antoine. Mandez-moi si vous voudrez bien me recevoir en solitaire ; en ce cas je profiterai de la première occasion que je trouverai ici pour aller dans le séjour de la science et de la sagesse. J'ai l'honneur, etc.

A M. le comte d'Argental.

Colmar, 16 avril 1754.

Est-il vrai, mon cher ange, que votre santé s'altère? Est-il vrai qu'on vous conseille les eaux de Plombières? Est-il vrai que vous ferez le voyage? Vous êtes bien sûr qu'alors je viendrai à ce Plombières qui serait mon paradis terrestre. La saison est encore bien rude dans ces quartiers là. Nos Vosges sont couvertes de neige. Il n'y a pas un arbre dans nos campagnes qui ait poussé une feuille, et le vert manque encore pour les bestiaux. J'ai à vous avertir, mon cher ange, que les deux prétendues saisons qu'on a imaginées pour prendre les eaux de Plombières sont un charlatanisme des médecins du pays, pour faire venir deux fois les mêmes chalands. Ces eaux font du bien en tout temps, supposé qu'elles en fassent, quand elles ne sont pas infiltrées de la neige qui s'est fait un passage jusqu'à elles. Le pays est si froid d'ailleurs, que le temps le plus chaud est le plus convenable; mais, dans quelque temps que vous y veniez, soyez sûr de m'y voir. Madame Denis me mande qu'elle pourrait bien aussi aller à Plombières. Elle prend du vinache ; elle fait comme j'ai fait ; elle ruine sa santé par des remèdes et par de la gourmandise. Il est bien certain que, si vous venez à Plombières tous deux, je ne ferai aucune autre démarche que celle de venir vous y attendre. Madame d'Argental, qui en a déjà tâté, voudrait-elle recommencer ? En ce cas, vive Plombières !

..... Il n'y a à présent que les montagnes cornues de Plombières qui puissent me plaire si vous y venez. Nous verrons si je les changerai en eaux d'Hippocrène. Adieu, mon cher et respectable ami ; je vous embrasse avec la plus vive tendresse.

A M. le comte d'Argental.

Colmar, le 2 mai 1754.

Mon cher ange, mon ombre sera à Plombières à l'instant que vous y serez. Bénis soient les préjugés du genre humain, puisqu'ils vous amènent, avec madame d'Argental, en Lorraine ! Venez boire, venez vous baigner. J'en ferai autant, et je vous apporterai peut-être de quoi vous amuser, dans les moments où il est ordonné de ne rien faire. Que je serai enchanté de vous revoir, mon cher et respectable ami ! N'allez pas vous aviser de vous bien porter ; n'allez pas changer d'avis. Croyez fermement que les eaux sont absolument nécessaires pour votre santé. Pour moi, je suis bien sûr qu'elles sont nécessaires à mon bonheur.....

Au même

Colmar, le 16 mai.

Mon cher ange, le 7 de juillet approche ; persistez bien, madame d'Argental et vous, dans la foi que vous avez aux eaux de Plombières. N'allez pas soupçonner que la santé puisse se trouver ailleurs. Venez boire avec moi, mon cher et respectable ami....

Je viendrai, mon cher ange, à Plombières avec deux domestiques tout au plus, et je ne serai pas difficile à loger ; peut-être même y serai-je avant vous, et en ce cas je vous demanderai vos ordres. J'apporterai quelques paperasses de prose et de vers pour vous endormir après le dîner. Comment pensez-vous craindre que je manque un tel rendez-vous ?.... Mon ange, Plombières est un vilain trou, le séjour est abominable, mais il sera pour moi le jardin d'Armide.

Au même.

A Senones, le 12 juin.

Mon cher ange, ceux qui disent que l'homme est libre ne disent que des sottises. Si on était libre, ne serais-je pas auprès de vous et de madame d'Argental? Ma destinée serait-elle d'avoir des anges gardiens invisibles ? Je pars le 8 de Colmar, dans le dessein de venir enfin jouir de votre *présence réelle*. Je reçois, en partant, une lettre de madame Denis, qui me mande que Maupertuis et Lacondamine vont à Plombières ; qu'il ne faut pas absolument que je m'y trouve dans le même temps ; que cela produirait une scène odieuse et ridicule ; qu'il faut que je n'aille aux eaux que quand elle me le mandera. Elle ajoute que vous

serez de cet avis, et que vous vous joindrez à elle
pour m'empêcher de vous voir. Surpris, affligé, in-
quiet, embarrassé, me voilà donc ayant fait mes
adieux à Colmar, et embarqué pour Plombières. Je
m'arrête à moitié chemin ; je me fais bénédictin dans
l'abbaye de Senones, avec Dom Calmet, l'auteur des
Commentaires sur la Bible, au milieu d'une bibliothèque de douze mille volumes, en attendant que
vous m'appeliez dans votre sphère. Donnez-moi donc
vos ordres, mon cher ange ; je quitterai le cloître dès
que vous me l'ordonnerez ; mais je ne le quitterai pas
pour le monde, auquel j'ai un peu renoncé ; je ne le
quitterai que pour vous.

Je ne perds pas ici mon temps. Condamné à
travailler sérieusement à cette *Histoire générale*,
imprimée pour mon malheur, et dont les éditions se
multiplient tous les jours, je ne pouvais guère trouver
de grands secours que dans l'abbaye de Senones. Mais
je vous sacrifierai bien gaiement le fatras d'erreurs
imprimées dont je suis entouré, pour goûter enfin
la douceur de vous revoir. Prenez-vous les eaux ?
Comment madame d'Argental s'en trouve-t-elle ? Que
je bénis le préjugé qui fait quitter Paris pour aller
chercher la santé au milieu des montagnes, dans un
très vilain climat ! La médecine a le même pouvoir
que la religion ; elle fait entreprendre des pèlerinages.
Réglez le mien ; vous êtes tous deux les maîtres de
ma marche comme de mon cœur.

La poste va deux fois par semaine de Plombières à
Senones par Raon. Elle arrive un peu en retard parce
qu'elle passe par Nancy; mais enfin j'aurai le bonheur
de recevoir de vos nouvelles. Adieu, je vous embrasse.

Au même.

A Senones par Ravon, ou Raon, le 16 juin.

Mon cher ange, je ne sais si madame Denis a raison ou non. J'attends votre décision. Je suis un *moine* aux ordres de mon abbé, et je n'attends que votre obédience. Je vous supplie de vouloir bien vous faire donner une ou deux lettres qui doivent m'être adressées à Plombières vers le 20 du mois ; je me flatte que vous me manderez de les venir chercher moi-même. Savez-vous bien que je ne suis point en France, que Senones est terre d'Empire, et que je ne dépends que du pape pour le spirituel ? Je lis ici, ne vous déplaise, les Pères et les Conciles. Vous me remettrez peut-être au régime de la tragédie, quand j'aurai le bonheur de vous voir. Comment vous trouvez-vous du régime des eaux, vous et madame d'Argental ? Faites-vous une santé vigoureuse pour une cinquantaine d'années, et puissions-nous vivre à la Fontenelle (1), avec un cœur un peu plus sensible que le sien ! Il serait beau de s'aimer à cent ans. Nous avons à peu près cinquante ans d'amitié sur la tête. Je me meurs d'impatience de vous voir. Je n'ai jamais eu de désirs si vifs dans ma jeunesse. Donnez-moi donc un rendez-vous à Plombières, fût-ce malgré madame Denis. Je tremble d'être né pour les passions malheureuses. Adieu, mon cher ange ; je volerai sous sous vos ailes, à vos ordres, et je me remettrai de tout à votre providence.

---

(1) Fontenelle vécut cent ans moins un mois.

Au même.

A Senones par Raon, le 20 juin.

Vous me laissez faire, mon cher et respectable ami, un long noviciat dans ma Thébaïde. Voici la troisième lettre que je vous écris. Je n'ai de nouvelles de vous ni de madame Denis. Elle m'a mandé que vous m'avertiriez du temps où je dois venir vous trouver ; mon cœur n'avait pas besoin de ces avertissements pour être à vos ordres. Je ne suis parti que pour venir vous voir, et me voici à moitié chemin, sans savoir encore si je dois avancer. Je vous ai supplié de vouloir bien vous informer d'un paquet de lettres qu'on m'a adressées à Plombières, où je devrais être. J'écris au maître de la poste de Remiremont pour en avoir des nouvelles ; ce paquet m'est de la plus grande conséquence. Si vous avez eu la bonté de le retirer, ayez celle de me le renvoyer par la poste, à Senones, avec des ordres positifs de venir vous joindre. Il ne me faut qu'une chambre, qu'un trou auprès de vous, et je suis très content. Mes gens logeront comme ils pourront. Votre grenier serait pour moi un palais. Je suis comme une fille passionnée qui s'est jetée dans un couvent, en attendant que son amant puisse l'enlever. C'est une étrange destinée que je sois si près de vous, et que je n'aie pu encore vous voir. Je vous embrasse avec autant d'empressement que de douleur. Mille tendres respects à madame d'Argental.

Voici un autre de mes embarras : je crains que vous ne soyez pas à Plombières. J'ignore tout dans mon tombeau : ressuscitez-moi.

Il faut malheureusement huit jours pour recevoir réponse, et nous ne sommes qu'à quinze lieues.

Au même.

Senones, le 24 juin 1754.

O adorables anges, je compte être incessamment dans votre ciel, c'est-à-dire dans votre grenier. Je n'ai reçu qu'aujourd'hui vos lettres du 9 et du 16. Comment m'accusez-vous de n'avoir point écrit à madame d'Argental? Je vous écris toujours, madame, vous êtes *consubstantiels*. Je ne vous ai point écrit nommément et privativement, parce que moi, pauvre *moine*, je comptais venir, il y a quinze jours, *réellement*, dans votre vilain paradis de Plombières, où est mon âme du jour où vous y êtes arrivés. Daignez donc me conserver cet heureux trou que vous avez bien voulu me retenir. J'arriverai peut-être avant ma lettre, peut-être après; mais il est très sûr que j'arriverai, tout malingre que je suis. Ma santé est au bout de vos ailes. Je veux me flatter que la vôtre va bien, puisque vous ne m'en parlez pas. Divins anges, je ne connais qu'un malheur, c'est d'avoir été si longtemps à quinze lieues de votre empyrée, et de ne point m'être jeté dedans. Voilà qui est bien plaisant d'être au couvent, et de dire *Benedicite*, au lieu d'être avec vous. Je m'occupe avec dom Mabillon, dom Martène, dom Thuillier, dom Ruinart. Les antiquailles où je suis condamné, et les *Capitulaires* de Charlemagne, sont bien respectables, mais cela ne console pas de votre absence. Je vais donc fermer mon cahier de remarques sur la seconde race, faire mon paquet et m'embarquer. Lazare va se rendre à votre piscine. Il y a, dit-on, un monde prodigieux à Plombières ; mais je ne le verrai certainement pas. Vous êtes tout le monde pour moi. Je suis devenu bien pédant ; mais n'importe, je vous aime comme si j'étais un homme aimable. Adieu, vous deux, qui l'êtes tant ; adieu, vous avec qui je voudrais passer ma vie. Quelle pauvre vie ! Je n'ai plus qu'un souffle.

Quel chien de temps il fait ! Des grêlons gros comme des œufs de poule d'Inde ont cassé mes vitres ; et les vôtres ? Adieu, adorables anges.

A madame la marquise du Deffand.

Entre deux montagnes, le 2 juillet.

J'ai été malade, madame, j'ai été moine ; j'ai passé un mois avec saint Augustin, Tertullien, Origène et Raban. Le commerce des Pères de l'Eglise et des savants du temps de Charlemagne ne vaut pas le vôtre ; mais que vous mander des montagnes des Vosges ? et comment vous écrire quand je n'étais occupé que des priscillianistes et des nestoriens ?

Au milieu de ces beaux travaux dont j'ai gourmandé mon imagination, il a fallu encore obéir à des ordres que M. Dalembert, votre ami, m'a donnés de lui faire quelques articles pour son *Encyclopédie*; et je les lui ai très mal faits. Les recherches historiques m'ont appesanti. Plus j'enfonce dans la connaissance des septième et huitième siècles, moins je suis fait pour le nôtre, et surtout pour vous.

M. Dalembert m'a demandé un article sur *l'esprit* ; c'est comme s'il l'avait demandé au P. Mabillon ou au P. Montfaucon. Il se repentira d'avoir demandé des gavottes à un homme qui a cassé son violon.....

J'ai passé un mois avec un bénédictin de quatre-vingts ans, qui travaille encore à l'histoire. On peut s'y amuser quand l'imagination baisse. Il ne faut point d'esprit pour s'occuper des vieux évènements ; c'est le parti que j'ai pris. J'ai attendu que j'eusse repris un peu de santé pour m'aller guérir à Plombières. Je prendrai les eaux en n'y croyant pas, comme j'ai lu les Pères....

A *M. de Cideville.*

A Plombières, le 9 juillet.

Mon cher et ancien ami, quoique *chat échaudé* ait la réputation de craindre l'eau froide, cependant j'ai risqué l'eau chaude. Vous savez que j'aimerais bien mieux être auprès des naïades de Forges que de celles de Plombières ; vous savez où je voudrais être, et combien il m'eût été doux de mourir dans la patrie de Corneille et dans les bras de mon cher Cideville ; mais je ne peux ni passer ni finir ma vie selon mes désirs. J'ai au moins auprès de moi une nièce qui me console en parlant de vous. Nous ne fesons point de châteaux en Espagne, mais nous en fesons en Normandie. Nous nous imaginons que quelque jour nous pourrions bien vous venir voir. Elle m'a parlé, comme vous, du poëme de l'*Agriculture.* C'était à vous à le faire et à dire :

O fortunatos nimium, sua *nam* bona noscunt !

Pour moi je dis :

> Nos..... dulcia linquimus arva.

Mais ne me dites point de mal des livres de D. Calmet.

> Ses antiques fatras ne sont point inutiles ;
> Il faut des passe-temps de toutes les façons,
> Et l'on peut quelquefois supporter les Varrons,
> Quoiqu'on adore les Virgiles.

D'ailleurs il y a cent personnes qui lisent l'histoire, pour une qui lit les vers. Le goût de la poésie est le partage du petit nombre des élus. Nous sommes un petit troupeau et encore est-il dispersé. Et puis, je ne sais si, à mon âge, il me siérait encore de chanter. Il me semble que j'aurais la voix un peu rauque.

Enfin je me suis vu contraint de songer sérieusement à cette *Histoire universelle* dont on a imprimé des fragments si indignement défigurés. On m'a forcé à reprendre malgré moi un ouvrage que j'avais abandonné, et qui méritait tous mes soins. Ce n'était pas les sèches *Annales de l'Empire*, c'était le tableau des siècles, c'était l'histoire de l'esprit humain. Il m'aurait fallu la patience d'un bénédictin, et la plume d'un Bossuet. J'aurai au moins la vérité d'un de Thou. Il n'importe guère où l'on vive, pourvu qu'on vive pour les beaux-arts ; et l'histoire est la partie des belles lettres qui a le plus de partisans dans tous les pays.

> Les fruits des rives du Permesse
> Ne croissent que dans le printemps ;
> D'Apollon les trésors brillants
> Font les charmes de la jeunesse,

Et la froide et triste vieillesse
N'est faite que pour le bon sens.

Adieu, mon cher ami ; je vous aime bien plus que la poésie. Madame Denis vous fait mille compliments.

A M. le comte d'Argental.

Colmar, 26 juillet.

Anges,

Je ne peux me consoler de vous avoir quittés qu'en vous écrivant. Je suis parti de Plombières pour la Chine (1). Voyez tout ce que vous me faites entreprendre. O Grecs, que de peines pour vous plaire ! Eh ! bien, me voilà Chinois, puisque vous l'avez voulu ; mais je ne suis mandarin, ni jésuite, et je peux très bien être ridicule.....

Au même.

Colmar, 3 d'Auguste.

Mon divin ange, les eaux de Plombières ne sont pas si souveraines, puisqu'elles donnent des coliques à madame d'Argental, et qu'elles m'ont attaqué violemment la poitrine ; mais peut-être aussi que tout cela n'est point l'effet des eaux. Qui sait d'où viennent nos maux et notre guérison ? Au moins les médecins n'en savent rien. Ce qui est sûr, c'est que Plombières a fait pendant quinze jours le bonheur de ma vie, et vous savez tous deux pourquoi.

---

(1) Voltaire composait alors sa tragédie de l'*Orphelin de la Chine.*

A Dom Calmet, abbé de Senonès.

À Plombières, le 16 juillet 1755.

Monsieur, la lettre dont vous m'honorez augmente mon regret d'avoir quitté votre respectable et charmante solitude. Je trouvais chez vous bien plus de secours pour mon âge que je n'en trouve à Plombières pour mon corps. Vos ouvrages et votre bibliothèque m'instruisaient plus que les eaux de Plombières ne me soulagent. On mène d'ailleurs ici une vie un peu tumultueuse, qui me fait chérir encore davantage cette heureuse tranquillité dont je jouissais avec vous. J'ai pris la liberté de faire mettre à part quelques livres des savants d'Angleterre pour votre bibliothèque; mais on n'a envoyé chez Debure (1) que les livres écrits en langue anglaise. J'ai donné ordre qu'on y joignît les latins. Ce sont au moins des livres rares, qui seront bien mieux placés dans une bibliothèque comme la vôtre que chez un particulier. Il faut de tout dans la belle collection que vous avez. Je vous souhaite une meilleure santé que la mienne, et des jours aussi durables que votre gloire et que les services que vous avez rendus à quiconque veut s'instruire. Je serai toute ma vie, avec le plus respectueux et le plus tendre attachement, monsieur, votre etc.

A Dom Fangel, neveu et successeur de D. Calmet.

Délices, 11 avril 1757.

Je n'ose me flatter, Monsieur, qu'on se souvienne encore de moi à Senones; mais je me souviendrai

---

(1) Libraire de Paris.

toute ma vie des bontés que M. votre oncle et vous avez bien voulu avoir pour moi dans votre agréable et savante retraite.

J'admire la force de tempérament de monsieur votre oncle ; elle est égale à celle de son esprit. Il a résisté en dernier lieu à une maladie à laquelle toute autre constitution eût succombé. Personne au monde n'est plus digne d'une longue vie. Il a employé la sienne à nous fournir les meilleurs secours pour la connaissance de l'antiquité. La plupart de ses ouvrages ne sont pas seulement de bons livres, ce sont des livres dont on ne peut se passer. Je vous prie, Monsieur, de vouloir bien lui dire qu'il n'y a personne au monde qui ait pour lui plus d'estime que moi.

J'ai assurément les mêmes sentiments pour le neveu, et j'ajoute, monsieur, que si vous vous occupez des mêmes études, vous y porterez encore un esprit plus philosophe que lui. Je voudrais bien que ma santé me permit de venir quelque jour dans vos cantons et que je pusse encore jouir de votre aimable société et de votre bibliothèque. Vous souvenez-vous du temps où vous montiez si agilement à l'échelle pour me dénicher un livre et pour me montrer la page dont j'avais besoin ? Il s'en faut que j'aie de pareils secours dans le pays que j'habite.

A Dom Fanget.

20 novembre 1757.

Il serait difficile, monsieur, de faire une inscription digne de l'oncle et du neveu : au défaut de talent, je vous offre ce que me dicte mon zèle :

Des oracles sacrés que Dieu daigna nous rendre
Son travail assidu perça l'obscurité ;
Il fit plus ; il les crut avec sincérité
Et fut par ses vertus dignes de les entendre.

Il me semble au moins que je rends justice à la science, à la foi, à la modestie, à la vertu de feu D. Calmet ; mais je ne pourrais jamais célébrer, ainsi que je le voudrais, sa mémoire qui me sera infiniment chère....

VOLTAIRE.

Nota. Voltaire a écrit beaucoup d'autres lettres qui sont datées de Senones et de Plombières, mais il ne s'y occupe que de ses travaux littéraires ou de ses affaires personnelles; nous les avons naturellement omises. De l'une d'entre elles, toutefois, nous pouvons détacher le trait suivant. Il mande à son secrétaire d'ouvrir avec la clef qu'il désigne une certaine armoire à livres. « Vous y trouverez, lui écrit-il, trois exemplaires du *Siècle de Louis XIV* et du *Supplément*, brochés en papier. Je vous prie d'en faire un paquet avec cette adresse : *A Dom Pelletier, curé de Senones*, et de donner le paquet au porteur. »

Dom Pelletier est l'auteur du *Nobiliaire général de la Lorraine et du Barrois*, auquel il travaillait à l'époque du séjour de Voltaire à Senones.

VOYAGE A REMIREMONT, A LA BRESSE, ETC.

Par Dom TAILLY (1)

NOTICE.

En 1787, après avoir passé une saison aux eaux de Plombières, dont il écrivit une espèce de monographie médicale, Dom Tailly fit, suivant l'usage des baigneurs, un court voyage dans les montagnes des Vosges. Il a publié le tout sous forme de lettres et nous en avons extrait les pages suivantes.

. Dom Tailly écrit mal ; son style plein de longueurs, sans agrément, a besoin d'être élagué presque à chaque page. Esprit naïf et neuf en face de la nature et des travaux de l'homme, il admire tout et s'étonne souvent des choses les plus simples. Néanmoins, son récit, au point de vue des mœurs, des coutumes et des industries locales disparues aujourd'hui, etc., offre encore de l'intérêt. C'est à ce seul titre que ce voyage, où nous avons fait de nombreuses coupures sans importance, a sa place ici.

.C'est à présent, Madame la Princesse Louise Adélaïde de Bourbon-Condé qui est abbesse de Remiremont (²).

Cette grande Princesse, étant sur le point d'arriver à Remiremont pour prendre possession de son Abbaye, s'y présenta avec la magnificence qui convenait à son état. Son Altesse Royale Monsieur le Prince de Condé, son illustre Père, l'accompagnoit. Comme toute la Ville et un grand nombre de personnes des environs

---

(1) *Lettres vosgiennes* ou lettres écrites de Plombières par M. le Chevalier de *** à Mme la Marquise de *** en Bretagne, par Dom Pierre Tailly, bénédictin de la congrégation de St-Vanne et St-Hydulphe. A Liège, chez J. F. Bassompierre, et se trouve à Neufchâteau, chez la Ve Monnoyer, imprimeur-libraire, 1789. Petit in-8°.

(2) C'est la dernière abbesse de l'insigne chapitre ; elle fit son entrée solennelle le 30 juillet 1787. Morte en 1824, elle laissait un frère, le dernier des ducs de Bourbon et des princes de Condé, qui fut trouvé, en 1830, pendu à l'espagnolette de sa chambre.

témoignoient beaucoup d'empressement de voir cette aimable Princesse, frappé du bruit qui en vint jusqu'à moi, je me transportai à Remiremont quelques heures avant son arrivée, pour voir de tout près la cérémonie pompeuse de son installation. Plusieurs Dames députées du Chapitre pour aller à sa rencontre, furent au-devant d'elle à quelque distance de la Ville, et lui mirent son couvre-chef, qui est l'ornement de tête que les Abbesses portent dans toutes les grandes cérémonies.

Etant à l'entrée de la ville, elle fut complimentée par MM. les Officiers du Bailliage et par différens corps. Le Maire lui présenta les vins de Ville, qu'elle reçut avec bonté, et en témoigna sa reconnoissance de la façon du monde la plus gracieuse. De là elle fut conduite à l'Eglise, où toutes les Dames Chanoinesses l'attendaient en habit de chœur, et décorées de leur cordon et médaille ; elles lui firent leur compliment. Madame de Condé prit séance dans la place qui est destinée pour les Abbesses, et après les cérémonies usitées en pareille occasion, elle fut conduite sous un dais dans son palais abbatial, accompagnée de toutes les Dames et de son second sénéchal qui portait sa crosse, et y reçut encore les hommages de tout le chapitre et de ses officiers. Elle fut reçue comme une Reine ; toute la Ville étoit dans la joie la plus grande. Cette illustre Princesse a bien voulu recevoir toutes les visites qu'on a eu l'honneur de lui faire. Elle possède toutes les grâces de la nature, les enjouements de son âge et la grandeur d'un cœur royal. On lui a donné beaucoup de grandes fêtes pendant son séjour à Remiremont, qui n'a pas été aussi long qu'on l'auroit désiré ; et on ne l'a vu partir qu'avec le plus grand regret.

Son palais abbatial a été bâti par feu S. A. R. Madame la Princesse Charlotte de Lorraine (¹), tante de l'Empereur régnant. Le contour d'une place qui environne l'Eglise est formé par les maisons des Dames Dignitaires et autres membres du chapitre. C'est un enclos qui se ferme régulièrement à la retraite du soir.

Ces Dames Chanoinesses peuvent jouir chacune de plusieurs prébendes, et chaque prébende peut valoir environ cent louis. Madame l'Abbesse en a seule une quarantaine. Toute dame qui a deux, trois, ou plusieurs prébendes doit faire recevoir Chanoinesses, ou apprébender autant de Demoiselles, destinées à lui succéder et à jouir de ses prébendes après sa mort ; mais qui, pendant sa vie, ne tirent que de légers émolumens pour leur présence au chœur. On les appelle Dames nièces, sans doute, parce qu'autrefois ces Dames faisoient apprébender leurs nièces de préférence, comme font encore celles qui en ont. Le nombre de ces Dames est maintenant de cinquante-cinq ; mais elles ne sont jamais, ou presque jamais toutes réunies, ayant droit de s'absenter du Chapitre pendant un certain temps, annuellement. L'autel est desservi par plusieurs prêtres. Ils portent le nom de Chanoines ; et leurs places sont d'assez bons bénéfices : ils font corps, et sont au nombre de dix, et il y a des offices particuliers ou dignités parmi eux.

---

(1) Sœur du dernier duc de Lorraine, François-Etienne, qui devint empereur d'Autriche, et tante de Joseph II. Abbesse de Remiremont en 1738, elle mourut en 1773.

La Ville de Remiremont est joliment bâtie; elle est située dans un vallon agréable où serpente la Moselle, qui prend sa source à six lieues plus haut, et forme déjà une rivière, parce qu'elle reçoit un autre gros ruisseau appelé la petite Moselle (1), qui vient d'un autre vallon, et qui prend sa source dans des montagnes qui séparent la Lorraine de l'Alsace.

A droite et à gauche de Remiremont commence la chaine des montagnes de Vôge du côté de la Franche-Comté. A gauche on en voit une moins élevée, quoiqu'elle ait plus de huit cents pieds de hauteur, sur le sommet de laquelle est situé un monastère de Bénédictins. Un Prêtre de cette maison, Curé d'une paroisse considérable dans la vallée, m'inspira la curiosité de me transporter le lendemain matin sur cette montagne, et s'offrit de m'y accompagner. Nous arrivâmes au lever du soleil, à ce monastère que l'on appelle le Saint-Mont. Depuis le rez-de-chaussée à la plate-forme, jusqu'au sommet de la montagne opposée de l'autre côté du vallon et de la Ville de Remiremont, il régnoit un brouillard épais qui sembloit une mer argentée. Cette vapeur s'affaissa insensiblement sur les dix heures du matin, et laissa voir les pointes des clochers, ensuite toute la Ville de Remiremont, enfin les Villages, et toutes les maisons ou fermes de la plaine, ce qui formoit une perspective agréable et très-pittoresque.

Le supérieur de la maison nous fit une réception gracieuse. Cette maison a été originairement l'habitation des premières Dames Chanoinesses de l'insigne

---

(1) La Moselotte.

Chapitre de Remiremont, dont le fondateur étoit saint Romaric, grand seigneur français, du temps de la race Mérovingienne. On me fit voir une montagne contiguë, et encore bien plus élevée, où on voyoit beaucoup de restes de l'Hermitage, où saint Arnould, Evêque de Metz, tige de la race Carlovingienne, s'étoit retiré (1), et cette montagne en porte le nom depuis ce temps là.

On me dit aussi qu'il n'étoit pas rare de voir, depuis la plate-forme, le tonnerre gronder plus bas, sur la plaine et la Ville, pendant que sur cette montagne, on jouissoit de l'aspect du soleil. Un Religieux de cette Communauté me montra une dissertation conservée dans leur bibliothèque, et composée par un de leurs savants physiciens, sur les effets du tonnerre qui étoit tombé sur leur maison, et l'avoit parcourue. La foudre pénétra d'abord dans une chambre près de la porte d'entrée où travailloient un Tailleur d'habits et sa femme, assis tous deux à l'opposite des deux côtés de la table. Ils furent soulevés tous deux en même temps, et étendus sur la table, sans avoir d'autre mal que la frayeur. De là, elle passa à la cuisine, où trouvant le Marmiton, elle le plia de manière qu'il avoit le menton sur les genoux, et le mit dans le cadre d'une chaise de bois, qu'il fallut casser pour l'en tirer vivant et sans le blesser, au grand étonnement de ceux qui le secoururent. De la cuisine, elle passa dans la salle des hôtes, qui étoient au nombre de six avec autant de Religieux à table; ils furent tous terrassés: et

---

(1) J'ai donné la description des restes de cet ermitage dans mes *Lettres vosgiennes*. Epinal et Remiremont, 1866, in-12, p. 25 et suivantes.

revenus de leur frayeur, ils ne se plaignirent d'avoir senti aucun mal, que comme des coups de masse sur la tête et sur différentes parties du corps, et s'apperçurent ensuite que tout le poil de leur corps, excepté la tête, étoit rasé. Enfin, la foudre alla à l'Eglise, et perça un gros pilier de plus de dix pieds d'épaisseur et d'une pierre très-dure, en y faisant une ouverture de la grosseur d'une balle de calibre, comme si un serrurier l'eût fait avec un instrument à perforer. Au sortir de ce trou, la foudre attaqua la porte du tabernacle qui étoit de marbre encadré, elle en détacha les deux gonds, qui se trouvèrent posés sur la pierre d'autel, de même que la porte, sans aucune fracture et sans que le saint Ciboire et le saint Sacrement eussent reçu aucune atteinte. Cette dissertation historique fut envoyée dans le temps à MM. de l'Académie des Sciences à Paris.....

Après le diner qui fut bien servi et bien gai, nous eûmes le plaisir de la promenade sur la plate-forme qui est devant cette maison, d'où l'on découvre de tous côtés ce que la nature peut produire de plus charmant dans la belle saison. Nous nous amusâmes à parcourir les environs, et à discourir sur tout ce qui pouvoit intéresser ma curiosité.... Le Curé Bénédictin m'engagea à descendre chez lui, me promettant de me faire voir encore quelque chose digne de ma curiosité. Nous descendîmes par un sentier si rude et si difficile qu'on auroit peine à le croire ; nous passâmes la rivière sur une petite nacelle. Et lorsque nous fûmes dans la plaine, mon conducteur me parla ainsi : « Voyez-vous cette haute montagne qui est vis-à-vis de nous, à une lieue et demie d'ici. Il y a proche de son sommet une source d'eau chaude qui est connue depuis fort longtemps (1) ; il appert que du temps de nos bons princes de Lorraine cette fontaine a été bien fréquentée ; car plusieurs de mes paroissiens me racontent souvent qu'ils ont encore vu des vestiges, où des restes de canaux qui servoient à conduire les eaux de cette source dans des maisons destinées pour baigner les malades. Depuis ce temps-là, cette source s'appelle la chaude-fontaine. L'endroit où elle est située est fort difficile, à cause de la hauteur et de la rapidité de la montagne, et à cause de beaucoup de fondrières marécageuses qui l'environnent ; ce qui a sans doute été la cause de l'insouciance de nos anciens Habitans pour son entretien. Depuis ce temps-là les Eaux qui l'environnent se mêlent ensemble, et lui font perdre sa chaleur naturelle, de manière qu'elle est peu sensible (2). Il ne seroit cependant pas bien coûteux ni difficile d'y obvier et de séparer les Eaux. Cependant, malgré ce mélange prodigieux, elle ne laisse pas que d'avoir bien des propriétés avérées et reconnues par les Médecins, qui en ordonnent souvent l'usage en boisson pour différentes maladies. Je pense que l'on ne travaillera jamais à sa reconstruction, d'autant plus que les eaux de Plombières, de Luxeuil, de Bain et de Bourbonne ne sont pas bien éloignées et qu'elles suffisent à la guérison des maladies différentes ; ainsi, cet ouvrage seroit en pure perte.

« L'Expérience prouve tous les jours que cette Eau est merveilleuse contre les fièvres malignes, et j'en ai

---

(1) C'est *Chaude-Fontaine*, qui est près de Vecoux.
(2) Cette source est encore bien plus dégradée aujourd'hui.

vu des effets admirables et sans nombre, depuis trente ans que je reste à ma Cure.... Son goût est naturel, et ne cause aucune nausée. »

Nous arrivâmes enfin fort heureusement chez lui, à l'entrée de la nuit.... Dès le lendemain matin, je fus conduit à une maison de Chanoines réguliers de Saint-Sauveur : elle s'appelle Hérival. Nous eûmes beaucoup de peines à y arriver, à cause de la rapidité et de la longueur de la montagne. L'abord est très-difficile, parce qu'il faut beaucoup descendre pour y parvenir : et l'on diroit qu'elle est l'antipode de la maison du Saint-Mont. Nous fûmes bien indemnisés de notre fatigue, par la réception gracieuse de tous ces Messieurs. Le Supérieur n'y était pas ; mais M. le sous-Prieur nous accueillit d'une manière infiniment affable, ensuite il nous fit voir tout ce qu'il y avoit de plus intéressant. Ce qui me plut davantage, ce fut une usine ou scierie en planche de sapin, dont on fait un grand négoce en Vôge, et que l'on conduit jusqu'à Paris. Cette usine, quoique de petite apparence, ne laisse pas que d'avoir un mécanisme fort ingénieux, et je n'aurais jamais cru qu'une planche si large, si longue et si polie, fut sitôt faite, car je pense que quand les eaux sont abondantes, on en peut faire jusqu'à soixante-dix dans un jour, et même plus. Ce qui me frappa le plus, ce fut qu'un homme pauvre, maigre et tout petit conduisoit seul et suffisoit pour la direction de fort grosses pièces de bois de sapin tout vert, longues de quatorze à quinze pieds, et dont on pouvoit facilement tirer soixante planches, sans pour ainsi dire être gêné. Au retour de cette petite promenade, nous fîmes la rencontre d'un jeune homme de la famille des Fleurot; l'empressement que j'avois de converser avec lui, fut cause qu'on l'invita à diner avec nous; il nous apprit qu'il alloit à une maison voisine remettre la jambe cassée à une pauvre femme qui avoit fait une chute dans la matinée. Il opéra devant nous, et cette opération ne dura que sept minutes au plus avec tout l'appareil nécessaire. Tout le monde en fut dans l'admiration.

De retour à Remiremont, le curé Bénédictin qui m'accompagnoit me conduisit chez un Chanoine de ses amis, en me promettant une vraie satisfaction de cette visite. Ce respectable Chanoine qui est Ecolâtre et Généalogiste du Chapitre (1), m'apprit bien des particularités très-curieuses, touchant les constitutions et les usages de cet illustre corps, de même que pour les preuves strictes de haute noblesse, que l'on exige des filles de qualité qui désirent y être admises. Il eut la complaisance de me montrer sa collection de tableaux, sa petite bibliothèque très-bien choisie, et son cabinet d'histoire naturelle et de curiosité. Ses frères, Chevaliers de saint Louis, se plaisoient à seconder son goût, en lui envoyant toutes les raretés qu'ils pouvoient recueillir dans les différens pays où la destination du corps dans lequel il servoient les transportoit.

De chez lui, Monsieur l'Ecolâtre me conduisit à la bibliothèque qui appartient au corps des Chanoines; elle est fort nombreuse et bien composée. Ces Mes-

---

(1) Vuillemin (Claude) qui mit dix ans (1778-1788) à classer les archives de l'abbaye. Il rédigea pour le chapitre et pour l'abbesse 23 vol. in-folio, d'une écriture très serrée. Il est mort en 1821, curé de Contrexéville.

sieurs ont entre eux une émulation louable pour l'augmenter, par l'achat des livres nouveaux et estimés.... Je vous avouerai que je n'ai quitté qu'à regret ce charmant séjour de Remiremont, où règne une grande urbanité, le Chapitre avant donné le ton à la ville, composée en grande partie de gens fort honnêtes et à leur aise ; il y en a beaucoup qui sont attachés au service du chapitre dont ils sont Officiers, ou de Madame l'Abbesse qui jouit dans le territoire de plusieurs droits régaliens.

Je retournai à Plombières où j'achevai la pénible carrière de mes exercices des Bains. Je fis mes remerciements aux habiles médecins, Messieurs Deguerre, père et fils, qui m'avoient prodigué leurs secours et leurs assiduités, et je pris congé de mes hôtes.

LETTRE DOUZIÈME

Au sortir de Plombières, je suis allé à Remiremont, pour y jouir une seconde fois du plaisir de voir les Dames Chanoinesses de ma connoissance, et quelques autres personnes de considération. La route de Plombières à Remiremont est très difficile pour les carosses ou voitures publiques, à cause des hauts et des bas qui sont fort multipliés, ce qui empêche bien des baignans de faire ce petit voyage ; mais on en fait une autre, qui probablement sera achevée lorsque vous viendrez aux bains ; j'ai vu cette route nouvelle bien dirigée, et l'Entrepreneur met tous ses soins à ce que l'ouvrage soit parfait.

M. l'Ecolatre de Remiremont me proposa de me conduire dans la vallée d'où descend la Moselle, et de m'en faire voir la source, de même que cette fameuse fontaine qui est près du village de Bussang qui donne le nom à ses Eaux Minérales : nous nous rendîmes à un village dont la paroisse porte le titre de Saint-Maurice. Mon conducteur me mena chez M. le Curé de cette paroisse, qui nous reçut avec honnêteté. Le lendemain, il voulut lui-même nous conduire à Bussang, qui est son Eglise succursale. C'est pour ainsi dire l'extrémité des Vôges de ce côté-là. A quelque distance de ce village, à gauche de la route de Thann et de la Suisse, est la fontaine de Bussang, que nous désirions voir, et qui est si renommée à cause de l'efficacité de ses eaux froides et ferrugineuses ; cette eau est fort connue ; on en fait des envois considérables par toute la France, la Suisse et l'Allemagne. On en fait aussi un grand usage, aux bains, à Plombières, à Bains, et à Luxeuil, selon que l'ordonnance des médecins stipendiés le prescrit. On prétend que cette eau mêlée avec le vin le bonifie, parce qu'elle est un peu aigrelette, et que cette acidité corrigée par le vin, le rend plus agréable à boire. J'ai vu dans bien des tables, à Remiremont et ailleurs, que l'on en faisoit beaucoup de cas pendant le repas, et qu'on la buvoit à grands gobelets. J'en ai bu un grand caraffon à la source même ; mais quelques moments après, je fus surpris de me sentir la tête embarrassée, comme si j'eusse bu du vin fumeux. Mais le Directeur de la fontaine, qui s'aperçut de mon embarras, me fit connaître que cela se passeroit bientôt, que cet accident arrivoit à presque tous ceux qui en buvoient. Il m'engagea à accepter un bon verre de vin de Bourgogne et à manger une croûte de pain ; ce déjeuner eut son effet.

Cette fontaine bouillonne doucement et sans bruit, et forme sur la surface du bassin grand nombre de gouttes en forme de perles. De ce bassin, elle se décharge dans une espèce de puits perdu, et l'on n'en voit plus le moindre vestige. On connoit assez que cette eau est ferrugineuse, parce qu'aux environs, l'on voit un sédiment jaunâtre qui n'est pas de bon goût, et les analyses qu'en ont fait les Chimistes en sont la preuve. Le bassin de la fontaine, formé d'une pièce quarrée, contenant l'eau qui sort de la source, a deux robinets de plomb, qui donnent une grande facilité pour remplir les bouteilles. Mais comme il arrive souvent qu'il faut charger plusieurs chariots de bouteilles, on est forcé de puiser de l'eau dans le bassin pour accélérer les envois. Le Censitaire de cette fontaine, qui est sur un terrain du domaine du Roi, a un débit prodigieux de cette eau, dont, en vertu d'un arrêt du conseil, il peut seul disposer. Il y a un médecin habile et stipendié résidant à Plombières, qui vient souvent faire sa visite à Bussang, surtout lorsqu'il y a du monde qui y prend les eaux, et il n'est pas rare d'y voir des personnes de la première distinction. La fontaine est enfermée dans un bâtiment assez spacieux, de sorte que personne ne peut y enter, ni prendre des eaux sans une permission expresse. J'ai vu beaucoup de voitures attendre leur tour pour estre chargées, parce que l'eau ne venait pas aussi vite qu'on la puisoit. Le Propriétaire Censitaire a fait aussi construire un bâtiment fort vaste pour loger ceux qui veulent y passer la saison, ou le temps nécessaire pour prendre les eaux. Beaucoup de gens du pays prétendent que c'est de cette source que se forme la rivière de la Moselle ; mais il paraît qu'ils se trompent ; car la fontaine prend sa source sur une espèce de revers, qui est déjà fort éloigné de la naissance de la rivière. Le Curé de Saint-Maurice et de Bussang nous promit de nous conduire le lendemain matin sur une des plus hautes montagnes des Vôges, au pied de laquelle sont les maisons de sa paroisse. Dès la pointe du jour, nous nous transportâmes sur le sommet de cette montagne, que l'on appelle vulgairement le Ballon de Lorraine (1), séparée par la vallée du ballon de Franche-Comté (2), situé à l'opposite. Nous montâmes par des sentiers assez aisés, pratiqués dans le circuit ; on y monte facilement à cheval. Arrivés au sommet, au moment du lever du soleil, qui annonçoit le jour le plus serein, nous eûmes le plaisir de promener nos regards sur une étendue considérable de pays ; car nous découvrîmes une très-grande partie de la Lorraine, de la Franche-Comté, et de la Bourgogne, à l'aide d'une bonne lunette à longue vue. Après avoir joui quelque temps de cette vue charmante, et admiré la beauté et la variété des paysages et des pâturages couverts de troupeaux, non-seulement dans les plaines des vallons, mais encore sur les sommets et les revers des montagnes, où de nombreux troupeaux de vaches pâturent pendant une partie de l'année, nous redescendîmes par une pente très-douce, où le Curé nous fit voir une fort jolie fontaine, faite en l'honneur du Monarque François, comme il le paroit par l'inscription qu'on y lit. Beaucoup de personnes viennent de

---

(1) Le ballon d'Alsace.
(2) Le ballon de Servance.

plusieurs lieues de distance y faire des parties de plaisir pendant l'été : Mais cette fontaine est fort négligée, et tombe en ruine. Nous prîmes congé de lui pour retourner à Remiremont. Après avoir marché, à peu près l'espace de deux lieues, mon conducteur me fit voir une fort jolie usine en granit, qui était sur notre chemin à gauche. On y exécute les vases les plus beaux et les plus précieux, propres à l'ornement des palais et des temples. Les cailloux de granit que l'on emploie pour ces ouvrages sont très-communs dans presque toute la Vôge, et servent souvent de clôtures aux héritages des habitants ; mais cependant, il faut être connaisseur pour les choisir. Cette usine étoit auparavant établie sur le même courant que les grands moulins de Remiremont ; mais ce courant n'étant sans doute pas assez abondant, et la difficulté d'y faire conduire les grosses masses de granit, que l'on trouvoit dans des lieux trop éloignés, étant considérable, on a pris le parti de transporter cet établissement à trois lieues plus haut sur la Moselle. Les ouvriers qui y sont employés sont en très-grand nombre, et les ouvrages que l'on y fait méritent assurément l'éloge des connoisseurs. Plusieurs des ouvriers sont préposés pour choisir les cailloux, qui doivent servir aux ouvrages de commande, et ils vont pour cela parcourir les plus hautes montagnes ; et lorsqu'ils trouvent un morceau convenable, quelque gros qu'il soit, ils le chargent sur un chariot fort bas, et le font conduire par des bœufs à l'usine pour y être travaillé. Cette usine est de la plus belle invention ; son méchanisme consiste en une grande quantité de rouages, conduits par une seule roue semblable à celle d'un moulin. C'est l'eau qui lui donne le mouvement ; on y travaille le plus gros caillou comme le plus petit ; mais on préfère les gros aux petits ; L'Artiste s'occupe sans cesse à trouver de nouvelles formes, et à excuter des pièces dans le meilleur goût, et toutes celles qui en sortent sont achevées. Ce sont de superbes vases, grands et petits, de figure ronde, quarrée, ovale, hexagone, octogone, et tous d'un poli et d'un éclat superbe, et supérieur au plus beau marbre. Il y en a de si transparents, que l'on pourroit les comparer hardiment à la porcelaine de la Chine. Il y a environ une douzaine d'années que l'on a fait conduire à Paris des fonts de Baptême et de forts gros Bénitiers, travaillés si artistement, qu'ils sont les plus beaux ornements des Eglises de cette grande Ville, et qu'ils sont admirés de tous les plus habiles artistes en ce genre. Notre Auguste Souveraine, décidée par son goût pour les curiosités rares et de mérite, a embelli son Château de Saint-Cloud de quantités de pièces curieuses, sorties de cette fameuse usine. Ces morceaux rares par eux-mêmes ont coûté des sommes immenses. Les frais énormes que l'on est obligé de faire dans cette usine sont causes de la cherté des ouvrages. Il faut reprendre une même pièce une infinité de fois pour la perfectionner ; comme ces morceaux sont extrèmement lourds, il faut choisir des temps convenables pour les charroyer et les conduire à leur destination. Cette dépense sera probablement la cause que cette belle usine ne subsistera pas longtemps. Je vous envoie plusieurs pièces de cette manufacture. Voici en quoi consiste mon petit cadeau. C'est une paire de petits bénitiers, extrèmement délicats et d'une structure achevée ; quatre salières, un sucrier, un mortier en ovale avec son pilon, ouvrages rares et bien travaillés ; j'espère qu'ils piqueront votre curiosité, et que vous leur donnerez un rang distingué parmi les autres pièces qui embellissent déjà votre ameublement.

Le lendemain, je partis de Remiremont à Cheval, avec mon domestique, dans le dessein d'aller parcourir les autres montagnes des Vôges ; je me déterminai à suivre le second vallon qui est sur la gauche, et dans une petite journée de marche, j'arrivai à un gros Village, nommé la Bresse. Les habitants de la Bresse et de tous les autres villages et hameaux voisins sont si laborieux, qu'ils cultivent jusqu'au sommet des montagnes les plus arides, où l'on voit de riches métairies, qui fournissent le beurre et les fromages dans différentes Provinces du Royaume. Le Village de la Bresse est situé au pied d'une montagne fort élevée, et qui sépare la Lorraine de l'Alsace. J'eus la curiosité de me faire conduire par un guide, et de monter jusque sur le sommet, pour jouir de la vue d'une partie de cette contrée, qui sert de forte barrière à la France, par le rempart du Rhin ; mais il eût fallu faire encore quatre ou cinq lieues de chemin dans les montagnes d'Alsace, pour être dans la plaine de Colmar. J'aurois été charmé de voir une fameuse Abbaye de Bénédictins, appelée Munster, mais mon guide me fit prendre garde à un précipice affreux, qui borde le sentier, où à peine deux hommes peuvent passer de front ; ce qui n'empêche cependant pas les habitants de La Bresse d'aller par caravanes en Alsace avec leurs bêtes de sommes, chargées de leurs denrées pour y trafiquer, et en rapporter du vin dans des barils, dont ils chargent leurs chevaux en manière de bâts. Il arrive souvent qu'une bête de somme périt en tombant dans le précipice ; je revins donc sur mes pas.

Il faut que je vous fasse ici un petit détail sur les usages anciens, qui sont encore en vigueur à la Bresse, à l'égard de l'administration de la justice. L'établissement des buffets et des autres tribunaux si multipliés en France, malgré même la suppression d'un grand nombre de prévôtés ou de justice particulière, rien n'a pu pénétrer jusque dans cette communauté, au détriment de ses droits, et elle a su se maintenir dans ses coutumes, dont elle a obtenu la confirmation par des arrêts des bons ducs de Lorraine, et notamment de feu Stanislas Roi de Pologne, de Louis XV, et Louis XVI, actuellement régnant, n'a pas voulu y déroger en quoi que ce soit.

Autrefois les anciens de la Bresse rendoient la justice sous des arbres, assis sur des bancs de pierre, qui existent encore aujourd'hui ; mais depuis quelques années, on plaide dans un bâtiment construit pour cela, tout près de ces bancs de pierre, pour se soustraire aux injures des saisons.

La justice s'exerce gratuitement tous les samedis de l'année, excepté les temps de vacances, qui durent pendant toute la quinzaine de Pâque et pendant tout le mois de Juillet, à moins qu'il ne se rencontre des causes pressantes, et qui demandent un prompt jugement. Tout se fait verbalement, excepté le cas d'appel de la sentence, qui pour lors doit se faire par écrit.

Pour exercer la justice, il y a un Maire, un Lieutenant de Maire, huit jurés et un Doyen ou Sergent.

Ces Officiers, au nombre de onze, jugent de toutes les causes réelles, personnelles & mixtes pour le civil seulement, dont les appellations sont portées au Baillage de Remiremont. Ils ont aussi la justice tutélaire, qui assurément fait le plus beau et le meilleur de leurs droits ; de façon qu'un inventaire qui, étant fait par des Officiers Bailliagers coûteroit jusqu'à neuf, dix et douze louis, n'en coûte pas un tout-à-fait à la Bresse. Ce qui met les familles, et surtout des pauvres mineurs, dans une grande tranquillité.

Cette communauté possédant ses bois, comme un bien de patrimoine, à sa maîtrise particulière. Le Lieutenant de Maire en est comme le Lieutenant particulier ou Procureur du Roi. C'est lui qui, sur le rapport des Forestiers, poursuit les délinquants en première instance. C'est à lui et à ses adjoints à faire la marque des bois en général, soit pour la construction des bâtimens, soit pour les besoins des particuliers. Ils ont en cette matière le petit et le grand criminel, mais ils ont soin de se faire assister de deux ou de trois gradués. Quand la Communauté de la Bresse a été attaquée dans quelques-uns de ses droits par les Maîtrises, elle a toujours triomphé auprès de ses Souverains. La preuve en est encore toute récente sur les derniers jours de feu Louis XV, qui par un Arrêt de son Conseil, a fait condamner un particulier qui s'étoit avisé de lui intenter un procès à ce sujet.

Elle change tous les ans d'officiers, excepté le Maire moderne, qui reste Juré une seconde année : et voici comment l'élection se fait. Les anciens Maires, assemblés au jour marqué pour les plaids, en choisissent neuf entre les Habitans, pour un d'iceux être nommé

Maire à la pluralité des voix. Le Maire choisit son Lieutenant, et le Doyen ou sergent, qui doit être pris dans les trois dénommés par les anciens Doyens ; pour ce qui est des Jurés, les Officiers qui sortent de charge en nomment quatre, et la Communauté choisit les quatre autres, lesquels jurés prêtent leur serment entre les mains du Maire, et celui-ci avec son Lieutenant et son Doyen entre les mains du Lientenant général du Bailliage.

Il y a eu souvent des causes de grande importance, discutées dans la Justice Royale de la Bresse, dont les jugements ont été accueillis à la Cour, et il est rare qu'on en ait vu d'infirmés ou amendés.

Les juges quoique lourds et grossiers en apparence, ont dans tous les temps montré beaucoup de bon sens, mais surtout un sérieux glacé, sans aucun respect humain, ni pour parents et amis, ni pour ceux-mêmes qu'ils devoient craindre : Voici une petite anecdote qui le prouve. Il est permis à chaque plaignant ou défendeur de plaider sa propre cause, ou de la faire plaider par un gradué. Un Avocat du Bailliage (1) fut un jour appelé pour plaider la cause d'un particulier ; il voulut badiner ces bons juges, en citant quelques longs passages latins du Code ou des Lois ; ces graves magistrats jugeant que ce mépris affecté retomboit sur eux et sur leur autorité, firent crier par le Doyen: « Retirez-vous, les parties, et vous aussi Monsieur l'Avocat » ; en effet, l'auditoire et l'Avocat se retirèrent pour donner le temps aux délibérations ; les

---

(1) Scipion Bexon, avocat de Remiremont, procureur fiscal de l'abbesse, commissaire du roi et criminaliste distingué, mort en 1825.

juges opinèrent ; après les opinions, ils firent rappeler l'auditoire et l'Avocat, et prononcèrent cette sentence : « M. l'Avocat, la Justice remet la cause à la quinzaine, « pendant lequel temps vous apprendrez à plaider selon « la coutume de la Bresse ; elle vous condamne en « même temps à cinq francs d'amende pour vous être « avisé de nous parler un idiome inconnu. » Telle fut la sentence qui fut bientôt exécutée. Ce fait ne peut être révoqué en doute, parce qu'il est connu et répété de tous les contemporains. Après la sentence, il voulut se défendre, mais inutilement ; en vain, voulut-il monter son cheval pour s'en retourner chez lui ; on l'arrêta, et on alloit vendre sa monture sur la place publique, pour payer l'amende ; il fallut donc pour se tirer d'affaire, et pour s'épargner la honte de payer les cinq francs, prier son aubergiste de les avancer pour son compte. L'Avocat à son arrivée chez lui, prévint le badinage, en racontant à ses amis cette aventure, et en fit un amusement dans toutes les compagnies où il se trouvoit.

Rien n'est plus commun que de voir décerner des amendes contre les plaideurs ; cela arrive presque tous les jours d'audience, il suffit de parler un peu grossièrement en présence des Juges, ou de prononcer quelques mots impropres, quand ce ne serait que le mot de *ma foi*. C'en est assez pour être condamné à cinq francs d'amende ; et autant de récidifs ou de répétitions, autant de cinq francs.

De la Bresse, continuant à parcourir les Vôges ; j'arrivai à un autre gros Village très-peuplé et fort commerçant, que l'on appelle Gérarmer. Il est situé au milieu de plusieurs montagnes très-élevées, couvertes de sapins et de pins ; et son bassin est très-agréable. On voit au milieu d'une prairie un lac d'une longueur et d'une largeur si considérable, que l'étymologie du nom du village le compare à une mer. Quelques observateurs ont prétendu que ce lac avoit son flux et son reflux comme la mer, mais ces prétendus flux et reflux sont si imperceptibles qu'ils peuvent passer pour imaginaires. J'ai passé beaucoup de temps sur le bord de ce lac avec des anciens qui m'ont assuré, que jusqu'à présent on n'avoit pu trouver sa profondeur avec la sonde. Dans un temps bien calme, on peut jouir du plaisir de se promener sur ce lac dans de petites nacelles faites de planches de sapin, et alors les eaux sont si claires et si limpides que la vue peut y percer à une grande profondeur, et appercevoir de gros rochers et des cavités ou des gouffres affreux et qui font frémir. On y pêche d'excellents poissons de différentes espèces, et l'on en prend assez souvent d'une grosseur prodigieuse. M. le Curé de la paroisse qui est le protégé de Madame la Duchesse de Cossé, m'ayant trouvé sur la rive du lac, m'aborda fort civilement, et m'invita à son diner ; c'étoit un jour d'abstinence, et je fus régalé en poissons exquis. Gérarmer est fort renommé pour l'excellence de ses fromages, dont les Habitans font de grands envois en différens pays. Il font aussi un commerce très-considérable en vaisselle de bois ; mais surtout en poix blanche, qu'ils ramassent de la forêt plantée de pins, espèce d'arbre qui diffère du sapin, dont on fait des planches. On fait des incisions dans le milieu du pin, dont distille une gomme en très-grande abondance. On clarifie cette gomme, propre aux ouvrages qu'il faut goudronner. Il est fort rare de voir un arbre un peu gros qui ne porte quelque cicatrice.

De Gérarmer je parvins dans le val de Saint-Diez, où l'on voit une fort jolie ville qui a un Chapitre illustre de Chanoines, et un Evêché érigé il y a quelques années. C'est M. de la Galaisière qui en est le premier Evêque (¹).

(Sa courte visite aux abbayes d'Etival et de Moyenmoutier n'a rien de neuf ni d'intéressant.)

LETTRE TREIZIÈME.

Monsieur l'Abbé de Senones m'ayant engagé à faire quelque séjour dans son Abbaye; j'y ai passé de fort gracieux moments, j'ai eu le plaisir de parcourir plusieurs fois sa belle bibliothèque, que l'on peut dire être un chef-d'œuvre pour le bâtiment en lui-même, et un lieu de délices pour les savants. J'ai vu aussi les différens endroits de cette petite Principauté, qui appartient à l'illustre famille de Salm Salm.

Je vous ai déjà dit, que les Vôgiens en général font un trafic considérable, qui les met en état de vivre avec aisance. Les hommes font le négoce, et les femmes s'occupent entièrement à cultiver le chanvre et le lin, et l'on peut dire que celui des Vôges, et surtout de Senones, l'emporte sur celui de bien des provinces, où il est cependant fort renommé. Les toiles y sont d'une blancheur éblouissante.

Il y a encore une autre branche de commerce, qui

---

(1) L'évêché de Saint-Dié a été érigé en 1777, puis supprimé par le concordat de 1801 ; il a été rétabli en 1817.

est d'un grand rapport dans toute la Vôge, comme dans beaucoup d'endroits de la Lorraine ; je veux parler de diverses manufactures de coton en filasse. Depuis Bussang, Saint-Maurice, la Bresse en particulier, Remiremont, Epinal, Gérarmer, on trouve quantité de maisons considérables remplies de fileuses de coton. Quoiqu'il n'y ait pas longtemps que ce commerce est établi, cependant tout est sur un si bon pied, que l'on accommode et que l'on file le coton aussi fin que partout ailleurs. Il y a de fort riches négocians, qui amènent des voitures énormes, chargées de cette matière brute, grossière, telle qu'elle est dans sa coque, ou lorsqu'elle sort du pays d'où on la tire. Ces négocians en distribuent autant de quintaux qu'il en faut pour occuper des familles très-nombreuses et très-laborieuses, qui souvent n'y travaillent que pendant l'hyver, parce qu'elles s'occupent pendant l'été la plupart à cultiver des légumes champêtres, qui font leur principale nourriture. Les préposés de ces entreprises occupent quantité de petits enfants de l'un et de l'autre sexe, qui ne font autre chose que de nettoyer ce coton brut, ou d'en tirer toutes les paillettes et toutes les matières hétérogènes. D'autres plus forts et plus expérimentés le cardent, et le mettent en état d'être employé pour des ouvrages en boutique, pour du piquot ou pour de la broderie, ou enfin pour le filer, ce qui forme dans ces enfans le goût et l'habitude du travail, et les met en état de perfectionner bientôt l'art de filer proprement le coton, et selon les goûts différens des acheteurs.

Il y a beaucoup d'ordre dans ces petits ateliers. Une personne expérimentée y préside, et donne des leçons relatives aux différens âges des ouvriers et ouvrières, et fixe à chacune sa tâche pour la journée. J'ai été bien aise de faire plusieurs visites dans ces compagnies d'ouvriers, en admirant leur adresse de réduire ainsi à un fil extrêmement fin, une matière qui un peu au paravant était si brute et si grossière. Chaque ouvrière a son petit tour à filer; elle a en outre un dévidoir si joliment composé, que quand l'écheveau à sa grosseur, la fileuse en est avertie par un cliquetis que fait le dévidoir; de là vient que les écheveaux de coton ne sont jamais plus volumineux les uns que les autres. Jusqu'alors, je ne pouvois m'imaginer comment on pouvoit filer du coton, de façon qu'il fût propre à ourdir des indiennes, des mousselines et des toiles très-belles et très-chères; et ce que je ne concevois pas d'abord, m'a paru facile, en voyant l'adresse avec la quelle on travaille en ce genre, et les degrés de finesse que ces petites mains villageoises, souples et habiles lui donnent.

Les Entrepreneurs de ces manufactures ont ordinairement plusieurs personnes affidées et habiles pour les seconder dans leurs travaux, de sorte qu'ils peuvent faire tous leurs voyages et visiter leurs différentes compagnies où leur présence est nécessaire, sans aucune inquiétude. D'ailleurs, ils ne peuvent pas facilement être trompés, car sachant ce qu'ils délivrent, ils savent aussi ce qu'ils doivent retirer. Chacun est payé selon son ouvrage, et selon le degré de perfection qu'il donne à la matière qu'on lui a confié. Le coton que l'on file ou que l'on dévide est numéroté selon son mérite et sa qualité, de telle façon que par l'étiquette qui est en tête, on voit du premier coup d'œil ce que l'on doit à l'ouvrier, et ce que l'on peut vendre l'écheveau.

Ces établissemens sont maintenant fort communs dans la Vôge en général, mais encore dans différentes villes de la Province. J'ai vu des maisons comme des hôpitaux et autres lieux publics où il y avoit plus de deux cents enfants, garçons et filles, occupés à travailler le coton ; quelques-uns, plus expérimentés étaient sur des métiers, et faisoient de fort beaux mouchoirs de diverses façons, et selon le goût et la mode du temps. Messieurs les Echevins et principaux Notables, encouragés par les succès de ces ateliers, se font un plaisir de les multiplier dans les lieux les plus commodes de leur municipalité, et par ce moyen, mettent une infinité de pauvres individus en état de gagner leur vie, et de soulager des pères et des mères dans leur vieillesse.

Après quelques jours de repos dans l'Abbaye de Senones, Monsieur l'Abbé me proposa une partie de récréation à deux lieux de la maison ; c'est-à-dire à une Succursale, ou du moins à une Cure nouvellement érigée, qui est de sa dépendance ; et qui se trouve au pied de la plus haute montagne du pays, qu'on appelle le Donon ; nous étions accompagnés de plusieurs de ses confrères, et de quelques principaux de la Ville...

En attendant le retour de nos chasseurs, on me conduisit dans des fosses très-profondes et les plus affreuses, d'où l'on tire la mine de fer (1) ; à notre arrivée à l'entrée de ces gouffres ténébreux, nous fûmes accueillis par une compagnie de mineurs, qui,

---

(1) A Framont.

après nous avoir montré tout ce qui pouvoit piquer notre curiosité, changèrent tout de suite de costume, et nous reconduisirent à notre hôtel, en habit uniforme, et firent un exercice qui me plut à l'infini. Ce Chef, avec un bonnet de poil, semblable au bonnet de nos Grenadiers, et son épée, me paroissoit un homme de bonne mine et digne d'attention; souvent même, à la fête du Prince, son Souverain, cette petite compagnie n'a pas laissé que de faire son effet, et d'augmenter la joie. On me fit voir aussi une jolie usine ou manufacture de marbre, et la carrière d'où on le tire. Il est incroyable qu'un pays si plein de roches, et qui peut passer pour une belle horreur, fournisse un marbre si beau. On le coupe, et on le fend avec des scies qui se meuvent par eau.

Nos chasseurs nous rejoignirent avec un air de satisfaction qui annonçoit le succès de leur chasse. Effectivement, ils avoient eu le plaisir de tuer un coq. J'en eus beaucoup à le considérer longtemps, car jamais je n'en avois vu. Cet oiseau est au moins gros comme un bon chapon de basse-cour : il a un air noble, son col est environné d'un plumage nuancé, comme celui de la colombe ; c'est à proprement parler, un arc-en-ciel naturel, et si ses pattes répondaient à la beauté générale de son corps, il seroit assurément le roi de tous les oiseaux. A notre arrivée sur le soir, je pressai beaucoup M. l'Abbé de me laisser partir le lendemain.

VOYAGE DE L'ABBÉ GRÉGOIRE

DANS LES VOSGES

NOTICE

Grégoire (Henri), curé d'Embermesnil, conventionnel montagnard, évêque constitutionnel de Blois, érudit, membre de l'Institut, écrivain fécond, est né à Veho, près de Lunéville en 1750 et mort en 1835.

Jeanséniste rigide, il rêvait le retour du christianisme à la pureté des premiers âges, son association avec les idées modernes. En résumé, malgré quelques contradictions d'idées, c'était un homme d'un grand caractère et d'un cœur plein de noblesse.

Son savoir était étendu et varié et on a beaucoup à apprendre avec lui, bien qu'il manque parfois de grandeur et de critique. Il composait d'ailleurs un peu hâtivement, et son style, clair et plein de vie, est souvent négligé.

Le voyage que nous donnons est extrait de l'ouvrage intitulé: *Correspondance sur les affaires du temps*, 3 vol. in-8°, 1798.

Paris, 27 vendémiaire, l'an 6.

Les Suisses sont dans l'usage de visiter leur propre pays avant de parcourir les contrées étrangères. A Zurich, je me suis trouvé dans des sociétés de jeunes gens bien élevés, qui préludaient à leur départ par des banquets plus décents et par conséquent plus agréables que celui des sept sages. Plusieurs fois dans les montagnes du St-Gothard et de l'Appenzell, j'ai rencontré ces joyeuses caravanes; les Français, au contraire, ont généralement la démangeaison d'aller voyager dans des pays lointains, en se condamnant eux-mêmes à ne pas connaître celui qui leur donna naissance. Tel qui de Paris descend au Hâvre pour aller aux Antilles, n'a jamais eu la curiosité de voir ni le site riant de Chantilly, ni le désert d'Ermenonville.

Une des parties de la France les moins connues et les plus dignes de l'être, ce sont les Vosges ; car les écrits des citoyens Buchoz, Sivry et Durival, etc., laissent beaucoup à désirer ; c'est cependant à ce dernier que nous devons la description la plus complète de la Lorraine, en 3 vol in-4°. Durival était un respectable vieillard, mort, il y a un an, à Hellecourt, près Nancy, et l'on n'a pas seulement jeté une fleur sur sa tombe.....

.... Je vais vous promener seulement sur quelques points de cette contrée, sans m'astreindre à une marche régulière .. .

VALDERSPACH. Ce village, qui fait partie du ban de la Roche, est luthérien, ainsi que diverses communes circonvoisines ; le ministre actuel, frère du savant bibliothécaire de Strasbourg, le citoyen Oberlin, a déployé le plus grand zèle pour mettre sur un bon pied les écoles du canton ; en cela, il a marché sur les traces de son devancier, le citoyen Stuber, dont l'épouse est morte à Valderspach ; sur son tombeau est une inscription dont j'ai oublié le texte, mais qui finit par cette idée : « Son mari, qui lui a érigé ce monument, est incertain s'il doit s'affliger davantage du malheur de l'avoir perdue, que de s'honorer du bonheur de l'avoir possédée. »

DONON. Dans les *Mémoires* de l'Académie des Inscriptions est une dissertation curieuse de Montfaucon sur les antiquités du Donon ou Thonon, l'une des plus hautes montagnes des Vosges. L'inscription qu'il indique et les figures subsistent encore ; mais combien j'ai regretté que le gouvernement n'ait jamais fait recueillir une foule de statues éparses sur le contour de cette montagne et qui bientôt disparaîtront sous les broussailles ! Là, gisent dans l'ombre et le silence les restes de la vénérable antiquité. Ces statues mutilées sont utiles pour la chronologie, l'histoire de l'art, la connaissance des costumes. Et ne voit-on pas journellement les artistes visiter cette belle collection de monuments du moyen-âge, rassemblés au dépôt des Petits-Augustins par les soins du citoyen Lenoir.

Senones. Dans le château des ci-devant princes de Salm était une bibliothèque peu nombreuse, mais composée de livres rares et de magnifiques éditions. La bibliothèque des bénédictins était bien plus considérable. On y remarquait entre autres le manuscrit original de Richerius, dont une partie seulement a été imprimée dans le *Spicilège* de Dacheri. Ce manuscrit précieux a disparu dans le cours de la révolution.

La principauté de Salm, dont Senones était le chef-lieu, a produit un nain, c'est Bébé, qui était à la cour de Stanislas, et un géant. On citait comme une merveille les gants de ce dernier, déposées dans la bibliothèque ; mais qui me garantira qu'ils étaient du géant ? Ce qui m'a frappé davantage, c'est une mâchoire qui a cinq pouces deux lignes de la partie externe de chaque condyle à l'autre, et cinq pouces et demi de la partie antérieure et moyenne du menton à la partie moyenne d'une ligne qui prendrait d'un condyle à l'autre.

Dom Calmet, que les gens superficiels ne connaissent que par ses vampires, mais qui aura toujours l'estime des érudits, est inhumé dans l'église. Sa mémoire est en vénération dans une contrée qu'il édifia par ses vertus. Sur son tombeau sont deux épitaphes ; la meilleure est celle qu'il s'était préparée lui-même : *multa legi, scripsi, Utinam bene !* (1).

Voici la seconde :

> Hic tenui tumulatur humo, fit vermibus esca,
> Ut miserum vulgus, scriptis super æthera notus.
> Ah ! si mortales possent subducere letho
> Doctrina, ingenium, pietasque fidesque
> Nomen ut ipse suum vixisset funeris expers. (2)

Voltaire qui avait demeuré quelque temps à Senones, lui en fit une autre, que je ne me rappelle pas avoir lu dans le recueil de ses œuvres.

> Des oracles sacrés que Dieu daigna nous rendre,
> Son travail assidu perça l'obscurité.
> Il fit plus, il les crut avec simplicité
> Et fut par sa vertu digne de les entendre.

Dom Calmet eut pour successeur à l'abbaye de Senones son neveu Dom Fangé, à qui nous devons quelques écrits, entre autres l'histoire de la barbe, ouvrage curieux et rempli de recherches dans le genre

---

(1) L'inscription citée de mémoire n'est pas exacte. La voici : *Legi, scripsi, oravi, utinam bene !* J'ai lu, écrit, parlé ; puisse cela avoir été bien !

(2) Ce sont les six derniers vers d'une pièce latine composée par un religieux, à l'occasion de la mort de D. Calmet. En voici la traduction :

Ci-gît sous ce coin de terre, et par les vers dévoré,
Comme le vulgaire misérable, celui que ses écrits élèvent jusqu'au ciel.
Ah ! si les mortels pouvaient être arrachés au trépas
Par la science, le génie, la piété et la foi,
Il eût vécu, comme son nom, exempt de la mort.

de l'histoire des perruques par Thiers. Il est fâcheux que contre le gré de l'auteur, on ait joint à l'édition de cet ouvrage des contes cyniques de Lachaussée.

Le maître autel de l'église de Senones a quatre colonnes torses en bronze, ornées d'arabesques. Le prieur me raconta que, sous l'abbé Joachim qui vivait, je crois, il y a environ trois cents ans, des colonnes pareilles qui décoraient l'autel, ayant été enlevées de nuit, l'abbé fut accusé du larcin ; il soutint qu'il était innocent, et cependant les quatre autres colonnes, actuellement existantes, furent faites à ses dépens ; il fit graver au bas de chacune ce verset du psaume 68 : *quæ non rapui tunc exsolvebam*. L'application m'a paru heureuse.

MOYEN-MOUTIER. Ce monastère est à une lieue de Senones. Dans la riche bibliothèque du couvent, nous avons vu le manuscrit original des *Mémoires du cardinal de Retz* qui avait plus de talent pour bien écrire que pour écrire lisiblement. Il y a beaucoup de ratures avec des surcharges et corrections, qui sont d'une autre main. Dans l'imprimé que nous avons comparé, on a suivi ces corrections.

Les habitants du village contigu à l'abbaye avaient autrefois des droits singuliers. Quand une femme accouchait d'un enfant provenant de mariage légitime, le mari pouvait, seul ou accompagné de son voisin, pêcher pendant trois jours dans le Rapodon (1) (c'est le nom de la petite rivière qui coule dans la vallée de Moyen-Moutier) et même de vendre du poisson pour subvenir

---

(1) Le Rabodeau.

à l'entretien de l'accouchée, mais il était obligé préalablement d'aller l'offrir au couvent, où on le lui payait au prix fixé pour pareille occasion, sinon, il était libre de le vendre partout ailleurs. En outre, il avait le droit de se présenter au couvent pour recevoir un pain de trois livres et un pot de vin. Ce dernier droit s'était conservé ; le laps de temps avait fait perdre celui de la pêche.

À l'époque où Dom Calmet était abbé de Senones, Dom Belhomme était abbé de Moyen-Moutier, dont il a imprimé l'histoire, et Dom Hugo, évêque de Ptolémaïde, était abbé d'Etival, situé à une lieue de Moyen-Moutier, sur la rive gauche de la Meurthe. Ce savant a, comme on sait, enfanté beaucoup d'ouvrages...

Saint-Dié. Au sud de cette petite ville, située dans un vallon délicieux, sont deux fontaines minérales. Elles ont été analysées, ainsi que la plupart des eaux minérales des Vosges, par un très bon chimiste de Nancy, le citoyen Nicolas, le même qui a perfectionné la préparation du phosphore. Nous avons obtenu les mêmes résultats que lui, en essayant les eaux à l'aréomètre, la noix de Galle, l'alkali volatil et l'huile de tartre par défaillance.

L'histoire raconte qu'autrefois à St-Dié un juif profana la sainte hostie. Les détails en sont consignés dans Ruyr et d'autres écrivains. La maison du juif fut vendue, et le propriétaire, en mémoire de ce fait, fut obligé de fournir annuellement les hosties à consacrer pour la quinzaine de Pâques. Cet usage subsiste et celui qui fournit les hosties va à l'offrande, en manteau noir, le jour du vendredi saint.

Lorsque des neiges épaisses couvrent la terre et dérobent l'aspect des précipices, les montagnards adaptent sous leurs pieds des réseaux de cordelettes, étendues dans un cercle de bois, ce qui, embrassant une surface trois fois plus grande que celle du soulier, empêche l'affaissement de la neige (1).

En allant de S¹-Dié vers l'ouest, on trouve à quelques lieues de là, les lacs de Gérardmer, Longemer et Retournemer.

Entre Longemer et Gérardmer, on voit ce qu'on nomme le *Saut-des-Cuves* ; c'est une espèce de cataracte formée par la petite rivière de Vologne, qui se précipite avec fracas dans les anfractuosités des roches de granit.

Plus bas, on trouve une pierre carrée d'environ 12 pieds de diamètre ; on la nomme *pierre de Charlemagne*, parce que, dit-on, il s'y arrêta et s'y *reput*. En parcourant la France, j'ai remarqué qu'on veut retrouver partout des monuments, des souvenirs de César et de Charlemagne. Il est vieux, mais vrai, le proverbe : *on ne prête qu'aux riches* (2).

Gérardmer, ce beau et grand village, est entouré de rochers hideux, qu'on nomme les *moutons de Gérardmer*. Les pluies ont entraîné dans les vallons toute la terre végétale et rongé les angles de ces rochers, qui annoncent, pour ainsi dire, les débris de l'univers. Le cœur se resserre à leur aspect, et l'œil ne contemple qu'avec peine des lieux où la nature

---

(1) Nous possédons une paire de ces chaussures singulières.
(2) Le séjour plus ou moins prolongé de Charlemagne dans les Vosges est un fait indiscutable.

paraît, dans sa douleur, refuser à l'homme sa subsistance (¹).

L'industrie des habitants supplée aux refus de la nature. Ils font en bois beaucoup d'ustensiles de ménage, comme assiettes, terrines, gobelets, cuillers, etc. J'ai vu le temps où pour 12 francs on pouvait acheter un buffet complet.

On prépare aussi dans ce village une assez grande quantité de poix blanche par un procédé fort simple. Avec un espèce de crochet on ouvre l'écorce des pins ; sur le champ la poix suinte, on la recueille dans des vases ; mais comme elle est chargée d'impuretés, on la fait bouillir. Quand la liquéfaction est complète, on la jette dans un sac sous un pressoir ; la poix filtre à travers le tissu et la crasse restée dans le sac sert de combustible.

Une autre branche de commerce pour Gérardmer, ce sont les fromages qu'on transporte même à Paris sous le nom de Giraumé. Les communes voisines, telles que la Bresse, St-Maurice, Cornimont, etc., en préparent qui le disputent en qualité ; mais tous se vendent sous le nom de *Giraumé*, comme le fromage de Lodi sous le nom de *Parmesan*.

A quelque distance de Gérardmer est un écho monophone qui répète plusieurs mots. Un bon campagnard que nous avions pris pour porter nos instruments, ne pouvant concevoir que nous fissions une démarche pour aller l'entendre, nous prenait pour de francs

---

(1) L'aspect est tout autre aujourd'hui. Les *moutons* ont disparu de la verdoyante colline des Xettes, admirable conquête de l'énergique constance de nos paysans sur cette nature rude et sauvage, changée aujourd'hui en une délicieuse station d'été.

nigauds. Mais je lui observai que cet écho savait le grec, l'anglais, l'espagnol, l'italien, etc. ; à l'instant je prononçai des phrases de ces divers idiômes. Notre homme passa du dédain à la surprise, à l'admiration même, en apprenant qu'à côté de son village il y avait un écho qui savait toutes les langues.

Au milieu de Gérardmer est un très beau tilleul. Un détritus de feuilles et d'autres matières végétales s'est amassé dans une espèce de creux formé par la bifurcation de la tige, et là, est implanté un arboisier, dont les branches ont au moins six pieds de long.

La Bresse. Cette grande commune avait une sorte de régime républicain avant l'établissement de la république ; elle avait son marteau de grurie, s'administrait elle-même, ne payait aucune redevance féodale, ne relevait d'aucun seigneur et jugeait toutes les causes civiles en première instance avec une sagesse telle que rarement on appelait de ses sentences, et quand il y avait appel, presque toujours les jugements étaient confirmés par le tribunal supérieur. Autrefois on jugeait sous l'ormeau où sont encore les sièges en pierre ; mais depuis on a bâti à côté un auditoire.

La Bresse est située dans un gorge fort longue et profonde. L'industrie de ses estimables habitants a fécondé les montagnes. Tous les lieux ensemencés sont partagés en compartiments entourés de granit pour les défendre de la dent des bestiaux qui parcourent les espaces incultes. Aussi les lieux cultivés, affectant toutes sortes de figures, présentent au voyageur qui les contemple du haut de la montagne un coup d'œil varié et très agréable.

VENTRON. Là mourut, il y a quelques années, Joseph Formey, ermite, dont les feuilles publiques ont parlé. La réputation de ses vertus, qui ne se sont jamais démenties, fait qu'on accourt de loin pour visiter son tombeau.

BUSSANG. Sur les eaux des deux fontaines minérales, nous avons fait quelques expériences....

Un peu au-dessus des fontaines minérales est la principale source de la Moselle, confondue dans une fondrière de la manière la plus ignoble. Nous l'avons un peu dégagée et nous avons vu l'eau jaillir avec force. Celle de la Saône à Vioménil est traitée plus honorablement ; un bassin couvert de pierres communique à une autre de même construction, et c'est de là que part la Saône pour aller visiter le Rhône et la Méditerranée.

De Bussang, par un vallon charmant où l'angélique est indigène, on va à St-Maurice, et alors on est au pied du ballon de Giromagny.

LE BALLON. Sur cette montagne nous avons trouvé le doronic, la gentiane, la bistorte, le napel et une joubarbe dont la fleur est très jolie. La nature brute nous offre des fleurs à qui nous n'avons pas encore fait l'honneur de les admettre dans nos parterres et qui cependant les décoreraient ; telles sont la digitale, l'épilobium, le parmica, la salicaire et plusieurs vermiculaires, etc. Elles sont belles dans l'état sauvage ; que sera-ce lorsqu'une culture suivie en aura développé les couleurs.

Beaucoup de montagnes sont actuellement sans végétation, parce qu'étant taillées à pic, et leurs escarpements s'approchant de la perpendiculaire, les pluies ont délayé l'humus et l'ont amené dans les vallons, au lieu que la cime du Ballon, la plus haute montagne des Vosges, élevée d'environ 600 toises au-dessus du niveau de la mer, couverte d'excellents pâturages, déploie avec majesté sa vaste surface.

Le marquis de Pezay, dans ses *Soirées alsaciennes, helvétiennes et francomtoises* parle de la route qui, venant de Remiremont, traverse cette montagne et descend en Alsace, comme d'un chef-d'œuvre, mais en observant qu'elle est la plus inutile de France. La pente est tellement ménagée qu'un cheval peut y galoper, soit à la montée, soit à la descente. On tourne sept à huit fois le dos à Giromagny pour y aller. Le génie a déployé bien des ressources dans cette construction, mais le côté des vallées n'est pas assez épaulé, les talus, qui descendent trop brusquement, commencent à s'ébouler. Cette route a coûté dit-on, trois millions. Avec le tiers de cette somme, peut-être, pouvait-on l'exécuter en la faisant filer, autant qu'il est possible, dans les vallées; elle eût été moins longue, moins dispendieuse, et le peuple eût été moins vexé.

Au revers méridional de la montagne est un obélisque, élevé en 1758 près d'une fontaine. On y lit ce distique latin qu'un Virgile n'aurait pas réclamé et qu'un républicain réprouve par son application à l'un des plus vils tyrans qui aient désolé la France, au sardanapale Louis XV.

Imperat hic Lodoix, nec rupes horresce nec undas;
Suspice, dant rupes pocula montisque viam (1).

---

(1) Ici règne Louis, et que ni les rochers ni les ondes ne t'épouvantent. Regarde, les rochers t'offrent des coupes et la montagne un chemin.

Du haut du Ballon l'œil s'égare dans les plaines de l'Alsace, de la Franche-Comté, sur les montagnes de la Soumbe, de la Suisse, etc.

Giromagny. Le travail des mines y avait repris son activité. Au pied de la côte on a pratiqué une ouverture pour rejoindre un filon d'argent qu'on assure être très riche.

Autrefois, dans ce bourg, on travaillait le granit, mais l'entreprise était abandonnée, quand nous visitâmes la contrée. A la Mouline, en-deçà du Ballon, sur la route de Remiremont, on continuait à travailler le granit, ce travail s'exécute par un mécanisme fort simple.

Remiremont. Il serait long de détailler toutes les sottises féodales, toutes les redevances absurdes que les dames de Remiremont pouvaient exiger. Bornons-nous à celle-ci. Le lendemain de la Pentecôte, sept ou huit paroisses du voisinage de cette ville était obligées de se rendre processionnellement à l'église des chanoinesses en chantant des fatras rimés en vieux Gaulois (français), qu'on appelait *kiriaulé* ou *kriaulé*. Une de ces paroisses devait apporter des branches de cerisiers ; une autre, de l'aubépine, etc. Celle de St-Maurice devait fournir un plat de neige ; à défaut de neige, deux bœufs blancs ; à défaut de bœufs une somme déterminée. Enfin, la Révolution a supprimé ces usages grotesques, que quelque nouveau Ducange classera un jour avec la fête des fous, celle des calendes, etc.

Hérival. On assure que la peste n'a jamais dévasté le vallon où est situé ce monastère, quoiqu'elle ait plusieurs fois visité la Lorraine, et que jamais le tonnerre n'y est tombé. C'est peut-être l'effet de la position d'Hérival, dont la gorge, étroite et profonde, est défendue de ces fléaux par les montagnes environnantes.

Buffon, dans ses *Epoques de la nature,* parle de la roche de *Peute-Voye,* située au bas du vallon ; c'est un fait comme tant d'autres, qu'il a accumulés, pour en tirer des conséquences. La roche de Peute-Voye paraît avoir été rompue par quelque grande commotion de la nature, ou par l'effort des eaux, abondantes dans ce vallon, qui avaient formé un lac avant qu'elles ne se fussent ouvert une issue par l'effraction du rocher, dont les immenses débris couvrent la terre des deux côtés opposés. On voit encore des fragments supendus qui indiquent un déchirement. Une rupture de ce genre eut lieu en 1770 entre St-Amé et le Tholy.

Dans les montagnes voisines, on trouve de l'aimant, du talc, du porphyre, du bois agathisé, du crystal et de beaux marbres.

Durival observe que, de Remiremont à Plombières, la terre en quelques endroits retentit sous les pieds des chevaux. J'ai observé le même effet entre La Bresse et Gérardmer, et dans quelques montagnes de la Souabe. (1)

---

(1) L'abbé Grégoire a laissé un autre voyage dans les Vosges, beaucoup plus étendu, mais il n'a pas été imprimé. Le manuscrit, de la main même de l'auteur, appartient à la bibliothèque de Nancy, et nous ne savons si les pages qui précèdent en sont tirées textuellement.

LES VOSGES EN 1802

Par DESGOUTTES.

NOTICE.

Statistique du département des Vosges par le citoyen Desgouttes, préfet, en X (1802).

« Je viens de la lire d'un bout à l'autre et j'ai été saisi, à chaque page, de la distance énorme qui sépare nos Vosges d'aujourd'hui des Vosges du commencement de ce siècle. L'accroissement de la population d'un tiers en soixante ans est l'indice de progrès immenses. Ponts et chaussées, industrie, agriculture, commerce, eaux minérales, forêts, instruction publique, etc., tout est passé en revue, mais avec une rapidité trop grande à mon gré, et quand je fais la comparaison des temps je ne puis m'empêcher de bénir le siècle où je suis né.

« On devrait réimprimer ce petit livre de 115 pages et le répandre dans les Vosges. Ce serait la meilleure réponse à faire à ceux qui calomnient encore la Révolution française. Ils verraient ce que valent dans un pays l'ordre fondé sur la justice, le travail libre encouragé de toutes parts et développé par la science.

« Voici le dernier chapitre de cette *Statistique*. C'est celui que j'ai cru devoir vous intéresser davantage... »

(*Lettres vosgiennes*, publiées par L. Jouve, 1866).

Chapitre V. § I. Instruction publique

L'instruction publique est extrêmement négligée dans ce département. L'insouciance des habitants des campagnes, leurs préjugés qui repoussent les institutions nouvelles, parce qu'elles ne sont pas, comme autrefois, alliées à la religion, la difficulté des communications dans un pays de montagnes, surtout pendant l'hiver (seul temps où l'on tient école dans les campagnes), le peu d'instruction des instituteurs, le peu de confiance qu'ils inspirent, la modicité de leur salaire, le défaut de local, sont autant de causes qui se sont opposées jusqu'à présent à l'établissement des écoles primaires ; car on ne peut appeler de ce nom quelques écoles de village, la plupart sans écoliers.

Ainsi le premier pas à faire vers le perfectionnement de l'instruction publique serait de former des écoles pour les instituteurs ; il faudrait que ceux-ci reçussent des leçons de morale pour en donner à leurs élèves. Par ce moyen ils acquerraient plus de considération et les écoles seraient plus fréquentées.

Dans ce département, la première éducation terminée, on n'exige rien des enfants que dans la 5e ou 6e année. Alors, après quelques leçons de filature, on les envoie, une quenouille en mains, garder les bestiaux. A l'âge de 10 à 11 ans, ils fréquentent l'école quelques mois de l'hiver, et lorsqu'après plusieurs années ils sont parvenus à savoir un peu lire, écrire et calculer, on les regarde comme suffisamment instruits. Mais bientôt, faute d'exercice, ils oublient tout.

Quant à l'école centrale, elle n'est pas non plus très fréquentée. On en doit attribuer la cause à l'insouciance des pères de famille et au défaut des connaissances préliminaires des jeunes gens qui, en général, ne sont pas à la portée de profiter des différentes branches d'enseignement de cette école. Il est même plusieurs classes qui ne sont pas suivies, malgré le zèle et le mérite des professeurs, qui sont, pour la plupart, des anciens membres des ci-devant collèges.

Je crois pouvoir me dispenser d'entrer dans de plus grands développements sur cet article. Les causes qui s'opposent aux progrès de l'instruction dans ce pays sont sans doute les mêmes dans beaucoup de départements. Le projet de réforme dans l'éducation nationale que le gouvernement vient de publier, prouve qu'il les connaît et nous fait espérer qu'enfin nous verrons incessamment établi sur des bases convenables et solides ce seul et véritable fondement de la prospérité des empires.

§ 2. Mœurs, habitudes privées, idées religieuses.

Si l'on ne trouve pas dans le département des Vosges de ces grandes villes dont le faste et le luxe sont une source de richesses pour les contrées qui les environnent, on n'y connaît pas non plus ces discordes, ni ces vices inséparables des grandes populations. Le voyageur, en le parcourant, n'est jamais frappé du tableau de l'opulence mis en opposition avec celui de la misère. Il y a peu de riches, mais aussi peu de pauvres. On voit peu d'individus qui ne trouvent les moyens d'exister dans leurs bras et leur industrie, et la mendicité n'est guère exercée que par ceux qui, par leurs infirmités ou par des accidents imprévus, sont assez malheureux pour y être contraints.

Aussi, en général, on peut dire des habitants des Vosges que, s'ils ont les mœurs moins polies que dans beaucoup d'autres départements, ils les ont aussi plus simples et plus pures. Cependant il existe encore dans leurs caractères, dans leurs habitudes privées de légères nuances produites par la différence de leurs travaux et des localités, qu'il n'est pas indifférent de faire connaître. Pour cela, il est nécessaire de supposer la division du département en pays de plaines et en pays de montagnes, de même qu'on l'a fait par rapport à l'agriculture.

Les habitants des montagnes, dont la nourriture est frugale et simple, et que les travaux pénibles de l'agriculture n'affaiblissent pas, sont d'une constitution forte et d'un tempérament robuste. Du lait, quelques légumes, des pommes de terre très farineuses, rarement de la viande, forment la base de leurs mets ordinaires et le vin qu'ils boivent venant d'assez loin est toujours d'une bonne qualité.

Habitués à vivre dans des habitations isolées, ils ont les mœurs un peu rudes ; accoutumés à une grande liberté, ils sont fiers et très susceptibles ; ils s'offensent aisément, aiment à se venger et en manquent rarement l'occasion. Cependant dans quelques communes, adonnées au commerce et par conséquent moins étrangères à la vie sociale, on trouve plus de douceur, plus de liant et plus d'aménité.

Cet isolement ne permettant pas une communication fréquente entre les individus, c'est pour eux une grande jouissance de se réunir les jours de fête, de marché ou de foire. Souvent on les voit se livrer à l'excès du vin, mais rarement ces excès sont suivis de voies de fait et d'actes de fureur.

Les femmes de la montagne apprêtent les lins, les chanvres, tissent les toiles et les blanchissent. Les hommes, que les travaux de la campagne laissent sans occupation une grande partie de l'année, partagent ceux de leurs femmes.

La fidélité règne dans les mariages ; une fille qui s'est laissé séduire est à jamais déshonorée, et son séducteur couvert de mépris, jusqu'à ce qu'il ait réparé sa faute.

On remarque que les montagnards sont très intelligents et ne manquent pas d'aptitude aux arts et aux sciences. Ils imitent facilement et sont capables d'invention. Les instruments dont ils se servent sont d'une grande simplicité et toujours proportionnés au genre de travail auquel ils les destinent.

Les habitants de la plaine, dont la nourriture est moins frugale et les travaux plus péniblement continus, sont moins forts, moins grands et moins bien constitués que les habitants des montagnes. Ils font un usage plus fréquent de la viande ; leur lait est converti en beurre pour alimenter les marchés et le vin qu'ils boivent est assez mauvais, attendu que leur bon est un de leurs principaux objets de commerce.

Ils sont moins grossiers, plus instruits et plus faciles à apaiser que les montagnards ; mais aussi la corruption des mœurs a fait de plus grands progrès parmi les premiers.

Les occupations des femmes de la plaine se bornent à l'apprêt du chanvre et du lin. Les hommes travaillant beaucoup les aident rarement ; les travaux de la campagne terminés, ils dorment ou fument.

En général, la bonté, la franchise, l'amour du travail, la générosité et l'hospitalité forment le caractère des habitants de ce département. Habitués à l'indépendance, ils chérissent la liberté et sont sincèrement attachés à la République et au gouvernement. Confiants dans leurs administrateurs, reconnaissants pour ceux qui leur témoignent de la bonne volonté, on ne les voit jamais s'écarter du respect et de la soumission qu'ils doivent aux lois. Ils tiennent beaucoup à leurs habitudes ; mais ce qui prouve que ces habitudes sont bonnes et louables, c'est la manière dont ils se sont conduits depuis le commencement de la Révolution. Pendant tous les orages qui l'ont obscurcie, ils ne se sont fait connaître que par des actes de dévouement, de vertu et de courage, jamais par des excès.

Quant à leurs opinions religieuses, ils y sont aussi très attachés et ont une grande vénération pour la religion de leurs pères. Isolés les uns des autres, c'est autant un besoin de société et de communication qui les appelle aux cérémonies religieuses, les jours de fête et le dimanche, qu'une réflexion et un objet de culte.

Cet attachement à la religion est cependant loin d'aller jusqu'au fanatisme et à l'intolérance. La manière dont ils accueillent ceux d'une secte différente et particulièrement les *Anabaptistes,* qui habitent en assez grand nombre dans les montagnes, est la preuve de cette assertion. Ces *Anabaptistes,* il est vrai, sont aussi très tolérants et inspirent l'intérêt et la bienveillance par la sévérité de leurs mœurs et leur amour pour le travail.

GÉRARDMER EN 1808.

Épître en patois (1)

NOTICE

Le premier vers de l'*Épître* « Votre Excellence est bien aise de savoir comment on parle à Gérardmer » nous en indique l'origine et le but. Vers 1803, le chef du bureau de la statistique au ministère de l'Intérieur fut chargé de demander par voie officielle, à tous les préfets et sous-préfets de l'empire, des notices sur le langage des diverses populations avec des pièces originales de leur littérature. L'envoi fut fait et une masse de documents précieux s'entassa dans les cartons du ministère, d'où ils passèrent plus tard à la bibliothèque nationale. On y rechercherait en vain les pièces qui concernaient les patois de la Lorraine ; elles ont sans doute été prêtées, distribuées à des amateurs et si bien égarées définitivement qu'il n'y en a pas le moindre vestige dans les papiers dont nous parlons.

L'*Épître des habitants de Gérardmer* en faisait assurément partie, elle ne fut pas perdue pour cela. En 1835, elle fut insérée dans les *Mémoires des antiquaires de France* ; fautive, sans commentaires et restée obscurément enterrée dans cette collection, cette publication était comme non avenue. En 1865, nous l'avons publiée à notre tour. Mais nous possédions le manuscrit de l'auteur, lequel nous a servi à sauvegarder l'intégrité du texte. Cette épître restera comme un témoignage historique de l'état de Gérardmer et des mœurs des habitants au commencement de ce siècle, car depuis presque tout a changé de face, la nature comme l'homme. Nous y avons ajouté quelques notes explicatives.

OBSERVATIONS SUR LA PRONONCIATION

L'apostrophe remplace toujours la lettre *e* ; elle est destinée à faire sonner la consonne sur laquelle elle s'appuie.

H est toujours aspirée, mais elle procède plutôt du palais que du gosier.

IN est une nasale particulière à la Lorraine ; il est impossible d'en noter la prononciation.

---

(1) Épître en patois adressée par les habitants de Gérardmer à S. Ex. le Ministre de l'Intérieur en 1809, composée par M. POTTIER, curé de cette commune.

Le son représenté par *o* est toujours bref, comme dans abricot ; celui qui est représenté par *ô* se rapproche un peu de l'*a*.

Le son représenté par *è* est bref comme dans paquet.

YE (yeu) est une syllabe féminine qui correspond à notre *ille* : Knôye, quenou*ille*. Nous écrivons *y'* devant une consonne, quand cette muette ne doit pas compter dans le vers.

Y, entre deux voyelles, se prononce toujours séparément comme dans *payen* ; il fait l'office d'une consonne.

Y nous a servi dans quelques cas particuliers pour mouiller la consonne qui le précède. Il n'est alors qu'un signe, à défaut d'autre plus connu, pour indiquer que la consonne qu'il affecte est modifiée dans sa prononciation, comme, par exemple, *c* dans « il mangea », et la cédille dans « il lança ». Ainsi le *d*, le *t*, etc., suivis d'un *y*, deviennent en style d'école *dieu, tieu*, etc., : *potyi*, partir, ne peut s'écrire intelligiblement dans notre langue sans une convention ou une explication préalable ; *y* mouille *t, d*. comme *i* mouille *l* ou *ll*.

Nous écrivons *des, nos*, au lieu de *dè, no*, quand il faut faire sonner *s*, devant une voyelle ; de même *bé*, bien, devant une consonne et *bé-n* devant une voyelle pour faire sonner *n* sur le mot qui suit.

En général, nous nous sommes attaché à n'introduire dans le texte aucune lettre qui ne se prononce. Nous avons fait exception pour la conjonction *et* pour un très petit nombre de mots que l'on reconnaîtra facilement.

ÉPITRE

1

Seigneur, vot' Excellence o bé-n ah' de sòoue
Inoq o prôche è Girômouè,
Et je lo son tan bé de povo dire ènn' foue
Que de mèt' Français è n'i pouè.

---

1. Seigneur, votre Excellence est bien aise de savoir — Comme on parle à Gérardmer. — Et nous le sommes autant de pouvoir dire une fois — Que de meilleurs Français il n'est pas.

2

Vos ollè cét' trovè gròssi not' Girom'hèye,
Mà fau bé possè, Monseigneur,
Q' not' sentimo vau mè, q'el o qué'q peu pi bèye,
Et q' not' longue èn' vau mi not' cœur.

3

E n'i po l'empereur ré d'mèt' que neu montaine.
E n'i pohène, ou ç'no ré d'li,
Q' o r'nôtesse jemà quéque peute trouaine.
Oh ! d'hè li q'je n'prého ré d'pi.

4

To quan q'fau dè soudar, j' non mi èvi in r'belle.
E n' fau pouè d' gendarme toci
Po fàr potyi au jo terti ço qu'o-z épelle :
El o von et n'déserto mi.

5

Je n' son mi bé hostou, vo lo pô bé sòoue ;
Je n'on mi dou procès par an.
Neu contribution èss' péyo bé tocoue ;
L'an-ci j' non èvi q'in sorjan.

---

2. Vous allez certes trouver grossier notre *langage de Gérardmer.*
— Mais (il) faut bien penser, Monseigneur, — Que notre sentiment vaut
mieux, qu'il est quelque peu plus beau, — Et que notre langue ne
vaut pas notre cœur.

3. Il n'est pour l'empereur rien de mieux que nos montagnes. — Il
n'est personne, ou ce n'est rien de lui, — Qui en raconte jamais quelque vilaine aventure. — Oh ! dites lui que nous n'aimons rien plus.

4. Toutes les fois qu'il faut des soldats, nous n'avons pas eu un
rebelle. — Il ne faut pas de gendarmes ici — Pour faire partir au jour
tous ceux qu'on appelle : — Ils s'en vont et ne désertent pas.

5. Nous ne sommes pas turbulents, vous le pouvez bien savoir ; —
Nous n'avons pas deux procès par an. — Nos contributions se paient
bien toujours ; — Cette année nous n'avons eu qu'un sergent (huissier).

6

Je fron steu bé d'vo dir' po in peu pi vo piare,
 Çou q'ç'o do pèï ci, çou q'ço
D' not' façon de viquè qu'o extraordinare.
 Je lo diron dò not'prôch'mo.

7

Je d'mouro dò lé Vôge et dò in fameu léye,
 Ouss viss què ç' seusse, o lo sè bé,
Se ç'n'ir' de Girômouè, steu co quéq' peu Nancéye,
 Lè Lorraine èn' serò cét' ré.

8

S'o voiyin, Monseigneur, tan de pir, tan de reuche,
 Q' èvodo slè je son spandi,
Et s'o no voiyin fàre in fremége ou dé peuche,
 O! vo s'ré cét' bé-n èbaubi.

9

Je féyo not' canton, j'non q' in quiré, qu' in màre,
 Et nos on troze section.
E fau bé pi d'in jo è çòlo q'vouron fàre
 Lo tò dè dèrére môhon.

---

6. Nous ferons peut-être bien de vous dire pour un plus vous plaire, — Ce que c'est (de ce pays) que ce pays, ce que c'est — Que notre façon de vivre qui est extraordinaire. — Nous le dirons dans notre langage.

7. Nous demeurons dans les Vosges et dans un lieu fameux, — Où que ce soit, on le sait bien, — Si ce n'était de Gérardmer, peut-être encore quelque peu Nancy, — La Lorraine ne serait certes rien.

8. Si vous voyiez, Monseigneur, tant de pierres, tant de roches, — (Que parmi cela) Parmi lesquelles nous sommes épars, — Et si vous nous voyiez faire un fromage ou des *poches*, — Oh ! vous seriez bien étonné.

9. Nous faisons notre canton, nous n'avons qu'un curé, qu'un maire, — Et nous avons treize sections. — Il faut bien plus d'un jour à ceux-là qui voudront faire — Le tour des dernières maisons.

10

E 'n î mohôvorou, tot au mon heuy' cent deuze ;
Quéqu' ène è douz oure de lan.
Préq' to potyo (ç'o cét' ènn' bé mah' cheuse)
Lo léye o rèle et bé méchan.

11

O-z o chèp' co bé-n ah', dò q'o son è l'onaye.
Ma dò lè nòge è fà mou mà
Rollè, quéq' peu chògi, po drohò lò montagne.
E fau pourtant, pià ou non pià.

12

O ! cét je son pi d'mille et nonante et cin mâte;
Ç'o euyt' cen septante et doù tò.
Po lo villége è ni trò cen quarant' quoéte âte ;
Ç'o dou cen cinquante heuy' chéseau.

13

Nos on trò bôle mò et co trobé dè chaume
Q'étiro trobé dè quiriou.
El y v'no pou couéri dès erbe q'son dè baume,
Et dò q' è 'n on, è son èvrou.

---

10. Il en est par-ci par-là, tout au moins six cent douze, — Quelques-unes à deux (heures) lieues de loin. — Presque tout partout (c'est certes une bien mauvaise chose) — Le (lieu) terrain est raide et bien mauvais.

11. On en échappe encore bien aisément, dès qu'on est en été. — Mais dans la neige il fait bien mauvais — Revenir, quelque peu chargé, à travers les montées. — Il faut pourtant, plaise ou non (plaise).

12. Oh ! certes nous sommes plus de mille et nonante-cinq maîtres ; — C'est huit cent septante-deux toits. — Pour le village il y a trois cent quarante-quatre âtres (feux); — C'est deux cent cinquante-six *chéseaux* (maisons).

13. Nous avons trois belles mers et encore beaucoup de *chaumes* — Qui attirent beaucoup de curieux. — Ils y viennent pour chercher des herbes qui sont des baumes, — Et dès qu'ils en ont, ils sont heureux.

14

Lè gran, dò q'è fà chau, nimo d'boure è lè guiesse ;
  El on do mau po lè vodiè.
Et no, évò pohi, dò lè pi grand soh'resse,
  J' 'n on in grò n'vò dò in potyè.

15

Je n'son cét' mi bé lan de quoét' mil sé cen tête ;
  Et nos on, po viquè terti,
Lè véhelle, lé pouhe, et le tôle, et neu bête ;
  Lè terre o bé lan d'no néri.

16

Et dò qu' è n' i pl d' noge, o sohelle, o brossie ;
  Ç'o èdon q'lo mou d'mà ervé.
Je son trobé quoy'tou po lo prè, lè fouyie,
  Et po-z euvrè lo beu d'èouè.

17

Lè fôme è soin do birr', do stòye et do lacèye,
  Et neus èfan dev'no pouhar.
Eprè q'lè b'sogne è fâte et qu'o chauff' lo fonéye,
  E 'n i trobé qué son tounar.

---

14. Les grands, dès qu'il fait chaud, aiment de boire à la glace ; — Ils ont du mal pour la garder. — Et nous, par ici, dans les plus grandes sécheresses, — Nous en avons un gros tas dans un trou.

15. Nous ne sommes certes pas bien loin de quatre mille sept cent têtes ; — Et nous avons, pour vivre tous, — La vaisselle (de bois), la poix et la tolle et nos bêtes : — La terre est bien loin de nous nourrir.

16. Et dès qu'il n'est plus de neige, on nettoye les prés, on fume ; — C'est lorsque le mois de mai revient. — Nous sommes fort pressés pour le pré, les essarts, — Et pour (ouvrir) préparer le bois de l'hiver.

17. La femme a soin du beurre, de l'étable et du lait, — Et nos enfants deviennent extracteurs de poix. — Après que la besogne est faite et qu'on chauffe le fourneau, — Il en est beaucoup qui sont tourneurs.

18

E 'n t'trobé-n aussi qué n' pon q'filè lou knòye ;
  Et dès aute euvro lo bohon
Po dè solè, dè boéte ou quéque aute erquebôye ;
  E féyo terti ce qu'è pon.

19

El ī co ène aut' cheuse èto d' què o s'ertône :
  Neu fòme féyo do solin.
Ç'o po lo péī ci èn' cheuse q'o bé bône.
  Lè fòme è s'lè po so tréyin.

20

El ī dè peure gen que tote lé jonâye
  En' féyo ré que do cherpi.
Ç'o in mouyè d' viquè que n' èré q'èn' binaye :
  Eprè lè guerre o n'o fron pi.

21

Not' andro o bé kni, surtou po lo fremége.
  Je vourò mou v' s o perzotè,
Inoq dò lo vī to, neu père, è lou longuége,
  D'non è lou prince dé solè.

---

18. Il en est beaucoup aussi qui ne peuvent que filer leur quenouille; — Et d'autres travaillent le hêtre — Pour des (souliers) sabots, des boites ou quelques autres menus objets. — Ils font tous ce qu'ils peuvent.

19. Il est encore une autre chose avec de quoi on se retourne : — Nos femmes font du salin. — C'est pour ce pays-ci une chose qui est bien bonne. — La femme a cela pour son *ménage*.

20. Il est de pauvres gens qui toute la journée — Ne font rien que de la charpie. — C'est un moyen de vivre qui n'aura qu'un moment : — Après la guerre on n'en fera plus.

21. Notre endroit est bien connu, surtout pour le fromage. — Nous voudrions vous en présenter, — Comme, dans le vieux temps, nos pères, en leur langage, — Donnaient à leurs princes des sabots.

22

V'lé-vo q'no vo lo d'hé ? Lé keblar, lé moutréye,
Q' è 'n l don tan évò pohi,
On terti b'so do beu pou lou vèche, lou m'téye ;
Et ç'o tolo qu'è son spéni.

23

O vo dè beu an grô, po-z o fare dè piainche ;
Et volo d'ouss que lo mau vé.
O n'o pi obteni ne po cò, ne po mainche.
E n' l qu'è rèh' q' cè fà do bé.

24

E v'lo fourni lou seg, et no, peures euvréye,
Je n'on ré po guégni do pain.
Oh ! créyè, Monseigneur, q'no ravo bé dè néye
E mouyé d'èn' mi mouéri d' faim.

25

Oh ! s'o v'lè détéyi è chèquin dès euvréye
Dès abe ossè po so défri,
Piteu que d'lè lèchi è strainge mochoquéye,
O viqrò bé, o n' piandrò pi.

---

22. — Voulez-vous que nous vous le disions ? Les cuveliers, les fermiers, — qui sont si nombreux (qu'il en est donc tant) parmi nous, — Ont tous besoin de bois pour leurs vaches, leurs métiers ; — Et c'est de cela qu'ils sont privés.

23. — On vend des bois en gros, pour en faire des planches ; — Et voilà d'où vient le mal. — On n'en peut obtenir ni pour corps (de fontaines) ni pour ustensiles. — Ce n'est qu'aux riches que ça fait du bien.

24. Ils veulent fournir leurs scieries, et nous, pauvres ouvriers, — Nous n'avons rien pour gagner du pain. — Oh ! croyez, Monseigneur, que nous rêvons bien des nuits — Aux moyens de ne pas mourir de faim.

25. Oh ! si vous vouliez détailler à chacun des ouvriers — Des arbres assez pour sa consommation, — Plutôt que de les laisser à des *n'importe-qui* étrangers. — On vivrait bien, on ne (se) plaindrait plus.

NOTES SUR L'ÉPITRE.

(Les chiffres romains se rapportent aux N°• des stances.)

I. *E n' î pouè.* Cette troisième personne *î* du présent de l'indicatif du verbe être nous donne lieu à une observation grammaticale très-curieuse. La forme ordinaire, quand le sujet est déterminé, est *o*, comme dans la plus grande partie des Vosges : *lo léye o rôle, le lieu est rapide; el o méchan, il est mauvais.* Mais quand le sujet est indéterminé ou neutre, comme dans le français IL *est des gens,* IL *n'est pas vrai,* cette impersonnalité ne tombe pas sur le pronom comme dans notre langue, en allemand et en anglais, mais sur le verbe qui se transforme; on dit alors *î* au lieu de *o*. Nous pouvons rapprocher ici cette autre singularité du changement de terminaison d'un verbe : on dit v'*ni,* venez, quand on s'adresse aux personnes et v'*na* quand on parle aux bêtes.

On trouvera trois manières d'écrire cette expression impersonnelle, avec trois sens différents : *è n' î,* il n'est ; *è 'n î,* il en est; et *è-n î,* il est, pour *el î,* qui se dit également.

II. *Girômouè* est le nom du village, *Girom'héye,* l'adjectif qui en est formé, comme un habitant de *Counimont* (Cornimont) s'appelle un *Coun'héye.*

Au 4° vers, *èn'* est une interversion pour *ne,* comme on voit plus loin *èss'* pour *se.*

IV. Le département des Vosges s'est particulièrement distingué dans la Révolution par son dévouement à la patrie. Loin d'avoir eu des déserteurs, Gérardmer a fourni, pour le premier départ de volontaires, 104 hommes dont les trois quarts au moins ne sont jamais rentrés.

Cette liaison, *ç'o qu'o-z épelle,* n'est pas le produit d'une *barbarie* locale des montagnards vosgiens. Elle est aussi vieille que la langue française.

VIII. *S'o* pour *si vous,* ellipse très-forte, qui donne bien l'idée de la rapidité de ce langage.

IX. Le canton de Gérardmer, malgré son étendue, n'était composé que de la seule commune de ce nom. On a détaché depuis une des treize sections pour en faire la commune de Liézey.

X. *Tout partout,* locution populaire en Lorraine.

> Irai-je *tout partout* sans ma foy parjurer ?
>
> (Chronique de Bertrand Duguesclin, 14° s.)

XI. *Piâ ou non piâ,* vieille expression.

> Et je sais bien, *plaise ou non plaise,*
> Qu'entre tous housseurs je suis homme.
>
> (Farce d'un ramoneur.)

XII. Gérardmer contenait en tout 872 maisons, dont 612 étaient dispersées sur le flanc des collines ou dans la vallée et 256 se groupaient près du lac autour de l'église. Ces deux derniers nombres ne donnent, il est vrai, que 868 : mais nous ne sommes pas loin de compte, on le voit : la poésie n'est pas une statistique. On appelle *chéseau* (vieux mot français) l'emplacement même où est bâtie une habitation ; mais deux habitations peuvent ne former qu'un chéseau. M. Pottier en effet compte 344 âtres ou feux pour les 256 chéseaux du village, dont 88 au plus possèdent deux feux. Or comme d'après lui il y a environ 1100 chefs de famille, il faut que dans les 612 maisons isolées il y en ait 137 au plus qui aient deux feux.

On remarquera en outre le chiffre de la population : 1095 chefs de famille pour 4,700 têtes. D'après de vieux titres, la population de Gérardmer n'était en 1687 que de 22 pères de famille, soit au plus 150 personnes; en 1753, elle était montée à environ 2550; en 1809 elle est presque doublée, et enfin aujourd'hui elle s'élève à 7,201 habitants, y compris Liézey, qui faisait alors partie de cette commune.

XIII. Les trois belles *mers* sont Gérardmer, Longemer et Retournemer que tous les touristes connaissent aujourd'hui. Le nom de *mer* est bien prétentieux pour des lacs dont le plus grand n'a que 116 hectares de superficie sur une profondeur de 35 mètres; mais ce n'est pas la faute des habitants si l'écriture les accuse d'orgueil ; ils s'obstinent à prononcer *Gérômé* et *Gérômoué* dès les temps les plus anciens, malgré les statistiques officielles dont l'orthographe déroute souvent les étymologistes. *Gérômé* est la *mé* de *Géraud* ou *Gérard*, premier duc d'Alsace. *Géraud, Giraud* est encore dans toute la montagne la traduction de *Gérard*. Qu'est-ce que la *mé? Mé, mey, maix* et souvent *mâ* en patois, désigne une terre, une métairie et n'a aucun rapport avec l'idée de *mer*. C'est un mot qui appartient à la langue celtique. Longemer et Retournemer sont des désignations plus modernes calquées sur une orthographe vicieuse.

On appelle *chaumes* les vastes pâturages et prairies au gazon épais qui couvrent les hautes montagnes des Vosges. La végétation rabougrie de petits hêtres tordus s'arrêtent sur leurs pentes et forment au front chauve des monts comme une couronne de sombre verdure au-dessus de laquelle s'arrondit leur tête. C'est là que les botanistes et les chercheurs de simples *sont heureux*, comme dit M. Pottier. Parmi les plantes utiles qu'on recueille sur ces hauteurs, il faut citer surtout la gentiane, qui ne sert pas seulement dans les officines médicinales, mais dont l'habitant du pays fait aussi une eau-de-vie délicieuse et stomachique.

El y v'no, ils y viennent. Pas plus que nos aïeux lettrés, nos paysans vosgiens ne font sonner *s* à la fin du pronom *ils* sur la voyelle qui suit. On trouve presque partout dans Joinville *il avoient, il alèrent, il estoient, il attendoient,* etc.

.XIV. Il n'y a pas de glaciers dans les Vosges. Ce sont quelques circonstances naturelles qui font que la glace se conserve sous des roches à l'abri du soleil. Telle est la glacière de la vallée de Granges, près de Gérardmer ; elle est la seule qui conserve de la glace en tout temps ou à peu près, surtout en été.

XV. Parmi les diverses industries de Gérardmer, il y en a trois qui ont fait et qui font encore la fortune du pays, la fabrication de la toile, celle du fromage et la boissellerie. La première est la plus importante de toutes et produit pour le pays des sommes incroyables. Quant aux fromages dits *Gérômé*, ce n'est pas Gérardmer seul qui les fabrique. En 1864, on en évaluait la production annuelle à 40,000,000 de kilog. pour le seul arrondissement de Remiremont.

« Il existe à Gérardmer une branche d'industrie d'autant
« plus précieuse pour cette commune que tout est bénéfice de
« la main-d'œuvre ; c'est la fabrication des cuveaux, de la vais-
« selle de bois et des boîtes de sapin. Les habitants se livrent
« pendant l'hiver à ce travail. Ils vendent leurs ouvrages à
« des négociants du pays qui les répandent dans toute la répu-
« blique. On évalue le produit de ce commerce à 150,000
« francs. » (Statistique de l'an X.)

XVII. Après que la besogne *d'été* est faite et qu'on chauffe le fourneau *en hiver*. L'extraction de la poix est ancienne dans les Vosges. Flodoard, au 10ᵉ s., dit que les Vosgiens étaient tenus de fournir à l'église de Reims toute la poix nécessaire à l'entretien des vaisseaux où elle gardait ses vins.

XVIII. Les montagnards qui n'ont pas d'industrie ou qui manquent d'ouvrage, filent leur quenouille comme les femmes. Nous avons vu deux vieillards qui n'avaient pas d'autre moyen de gagner leur vie ; ils filaient à eux deux pour huit sous par jour.

Le mot *bohon*, hêtre, vient de l'allemand *buche*. Il y aurait à relever dans cette épître quelques mots d'origine allemande. Nous citerons PRÔCHE, parler, *sprechen* ; VODIÈ, garder, *warten* ; SPÉNI, privé, *spœnen* (sevrer) ; SEG, scie, scierie, *sœge* ; HOSTOU, vif, turbulent, *hastig* ; STÔYE, établo, *stall* ; RÈHE, riche, *reich* ; KEBLAR, cuvelier, *kübel* (cuveau).

XIX. Le salin est le produit brut des cendres de la bruyère, de la fougère, etc., desséchées jusqu'à siccité ; elles sont employées pour faire la soude nécessaire aux verriers. Dans un pays pauvre alors, où la matière première est si abondante, le rapport de cette fabrication était assez considérable. La *Statistique* de l'an X l'évalue à 100,000 fr. Ce salin, vendu à des négociants de Saint-Dié et Raon-l'Etape, qui le convertissaient en potasse pour les verriers, était d'autant plus recherché que les femmes avaient soin d'en augmenter la force, en arrosant de leurs urines les tas de fougères et de bruyères qu'elles faisaient près de la maison.

XXIII. Les plaintes qu'on trouve à la fin de cette épître sur la difficulté des habitants d'avoir à leur disposition le bois de leurs forêts sont assez naïves. Elles témoignent à la fois de l'ancien régime qui précipitait les forêts à leur ruine, et du nouveau qui, par de bonnes mesures d'ordre, voulait en arrêter la destruction et les régénérer.

Les habitants des Vosges jouissaient du droit illimité d'envoyer leur bétail vain pâturer en tout temps et dans toute l'étendue des forêts, et d'un autre côté les droits d'usage qui leur étaient immodérément accordés pour les bois de chauffage et de construction nécessaires à l'entretien et aux réparations de leurs habitations, étaient beaucoup trop multipliés et excédaient la possibilité des forêts (Statistique de l'an X). Aussi les usagers avaient-ils vu réduire leurs droits et, comme dit l'épître, le pauvre, ne pouvant acheter du bois, se trouvait dans la misère ; les étrangers avec leurs scieries enlevaient presque tout et l'ouvrier ne pouvait en avoir assez pour son *défruit*, sa jouissance personnelle.

VOYAGE A PLOMBIÈRES EN 1808

NOTICE

Mlle Sarah Newton, auteur des pages charmantes (1) qui suivent, est née en Angleterre en 1789 et morte à Paris en 1850. Sa famille se rattachait au célèbre Newton. Sa mère, établie en France au commencement de ce siècle, la conduisit à Paris. Admise dans la société de la marquise de Coigny, Sarah vécut dans son intimité jusqu'à l'époque de son mariage. Mme de Coigny avait été l'arbitre de la mode et l'oracle du goût à la cour de Marie Antoinette qui l'avait appelée la *reine de Paris*. Elle est la tante de Mlle de Coigny, immortalisée par André Chénier dans la *Jeune captive*. Fanny sa fille, épousa le général Sébastiani; Châteaubriand l'a célébrée dans son *Itinéraire*; mais elle était déjà morte, quand Mme de Coigny vint passer une saison à Plombières avec Sarah Newton. Celle-ci ne la quitta que pour se marier avec le colonel Le Tort, qui fut aide-de-camp de Napoléon et fut frappé mortellement à Ligny quelques heures avant la bataille de Warteloo. Sa jeunesse et le vœu de sa famille la décidèrent à un second mariage, et la descendante de Newton devint la belle-fille du célèbre commentateur de Montesquieu, Destutt de Tracy. M. Victor de Tracy était aide-de-camp du général Sébastiani.

La solidité de l'esprit et le charme étaient le caractère distinctif de Mme de Tracy. Ses œuvres — car elle fut un écrivain distingué — réunies et imprimées seulement pour sa famille et ses amis, n'ont pas été mises dans le commerce. Nous avons détaché de son journal de voyage ce qui avait trait aux Vosges. Elle l'avait écrit au courant de la plume à l'âge de dix-huit ans, presque sous les yeux de la grande marquise dont elle était la demoiselle de compagnie.

JOURNAL DE SARAH NEWTON

Nous voici arrivées à Plombières et installées dans une maison charmante. Le voyage de Paris a été pour moi une suite d'amusements, quoique je n'aime pas de changer de place et que je regrette surtout d'avoir

---

(1) *Essais divers, lettres et pensées* publiés par M. Teulet. Paris, 1852-1855, 3 vol. in-12.

quitté ma mère et Nancy. Le seul voyage que j'eusse fait c'était d'être venue d'Angleterre sans y avoir jamais été, car je n'avais que sept mois quand j'arrivai en France. Je ne sais rien de mon pays paternel ; je suis Anglaise, *God bless the king* (1) ! voilà tout.

Notre hôtellerie s'appelle la maison de madame Grillot qui en est le cuisinier, l'intendant, et le pâtissier tout ensemble. Tout est fort propre, très clair, et la cuisine est un endroit où l'on voudrait passer son temps ; il n'y a que l'hôtel de l'Impératrice qui jouisse d'une plus grande réputation.

Notre première journée a été perdue en rangements. Mademoiselle Caroline est malade comme toutes les soubrettes du monde qu'on dérange. Elle soupire à ennuyer en défaisant nos paquets ; je l'ai aidée à mettre tout en place, tandis que madame de Coigny est très *snug* (2) et la mienne de même. Le salon est fort gai ; trois balcons sur la rue, une salle à manger en bas et les domestiques placés *up stairs* (3). Nous avons dîné avec un appétit extraordinaire. Madame Grillot nous a fait servir dix plats pour deux et nous avons goûté à tous ; tout était bon.

J'ai été fort étonnée ce matin en me réveillant de me trouver établie si loin de la rue S*t*-Sébastien ! Je me suis levée bien vite pour écrire à ma mère et à Nancy. Comme je les aime ! *Beyond the hills and far away* (4). Après déjeuner nous sommes sorties pour aller grimper sur une montagne que madame de

---

(1) Dieu bénisse le roi !
(2) Embarrassé.
(3) En haut.
(4) Par de là les collines et loin, bien loin.

Coigny connaît, car elle est déjà venue ici avec sa chère Fanny qui aimait tant Plombières, qui voulait hélas! y revenir et partout y a laissé son souvenir comme à Paris, comme à Constantinople. Nous nous sommes tant promenées sur cette montagne, malgré le soleil qui nous grillait, que nous n'avons plus la force de monter l'escalier pour nous déchiffonner avant de dîner. Nous avons mangé comme hier et après nous nous sommes assises sur les balcons, d'où nous avons aperçu les belles dames qui passaient en robes légères pour aller au bal public. On nous regardait beaucoup et j'aurais mieux aimé aller regarder le bal, mais madame de Coigny ne veut s'amuser d'aucun plaisir mondain. Je me suis donc couchée à dix heures après avoir écrit à ma sœur.

Ce matin je me suis levée de bonne heure pour me mettre dans l'eau et pour en goûter par curiosité. L'eau froide est bonne et l'eau chaude est mauvaise. Rien sur la terre n'est comparable à l'ennui d'être dans une baignoire; on comprend presque les gens qui s'y tuent. Après le déjeuner qui est composé de pâtisseries, de thé, d'œufs et de crème, etc., nous sommes sorties pour gravir une des montagnes de Plombières. Chemin faisant nous trouvâmes un petit garçon qui ne répondait pas, mais qui entendait. Madame de Coigny lui demanda de nous conduire par un chemin quelconque et lui donna douze sous, ce qui le rendit le plus riche et le plus obligeant des gamins du pays; il nous mena par un sentier couvert dans un pré charmant qui conduit à un lieu appelé le Désert et que nous voulions voir. Ce désert est très pittoresque; il est plein de rochers couverts de mousse, de pins, de bouleaux pleureurs sur le bord de ruisseaux qui se croisent en bouillonnant à travers des pierres et qui finissent par se réunir pour former une cascade en escalier. Je me suis promenée sur cette cascade de roche en roche; à la grande frayeur de madame de Coigny, et suivie pas à pas par le gamin silencieux qui n'a pas voulu dire un mot. Ensuite nous nous sommes assises au pied d'une croix qui est là et que j'ai ornée d'un gros bouquet de branches et de fleurs des champs. Nous sommes entrées à la papeterie où nous avons vu faire du papier à la poêle, à peu près comme on fait des crêpes. Madame de Coigny m'a dit cent jolies choses sur le papier, sur le désert, sur les moines, sur le repos, sur la vie silencieuse, etc.

Le soir il était venu des visites : madame de N., qui paraît avoir besoin des eaux, car elle parle comme on ne parle pas et marche comme on se traîne. Sont venus aussi MM. de Damas, de la Vieuville et M. de Brancas. M. de Damas ne voulait pas parler à madame N. MM. de la Vieuville et de Brancas ne disaient rien, madame de Coigny faisait la réplique à madame N., qui miaulait des choses connues et sentimentales. On a servi des gâteaux et des écrevisses sur des fleurs. Je suis accoutumée déjà au séjour de Plombières, comme si j'y avais demeuré six mois; il me semble que j'avais rêvé ces montagnes, ces cascades, et tous ces jolis sentiers qui ne mènent nulle part et qui vont toujours. Comme on s'habitue vite à tout ce qui est agréable !

M. Martinet, le docteur, vient deux fois par jour pour bavarder; il raconte toutes sortes de choses de ses malades. Je m'endors chaque soir au son d'une musique quelconque, le bal qui danse en face de nous, un voisin qui joue du violon à ravir et un grillon qui crie dans ma cheminée. Je regrette de n'avoir pas une harpe ou un piano, mais on n'en loue pas. On a dit à madame de Coigny que nous pouvions nous servir de l'unique piano qui est placé à demeure dans le salon commun où nous n'allons pas. Tous les matins je fais une lecture à haute voix, hélas! pour toute musique. Madame de Coigny me donne des leçons de prononciation, de ponctuation et me recommande de faire des notes sur tout ce que je lis et d'écrire tous les jours ce que je pense; c'est une façon de savoir si on est bête. Je raconte à madame de Coigny toutes mes lectures anglaises, et elle dit que ces lectures (aidées de Dieu) m'ont donné un esprit original et sain.

Nous avons été ce matin voir le père Vincent, vieillard fort curieux à visiter (1). Il a bâti sa maison et construit tous les meubles qui sont chez lui, y compris un piano, une horloge, des boîtes, des cartons, des costumes, etc. etc.; sa propriété est entourée de pierres grises. C'est la manière de faire les murs en ce pays perdu. Le père Vincent est plein d'esprit et passionné pour la musique; il nous a parlé de M. Handel! J'ai joué *God save the king* (2) sur son petit chaudron, ensuite nous avons bu de son vin et mangé de son pain. Les paysans sont ici tous bons et honnêtes; ils n'ont pas l'air de savoir ce que c'est que d'être autrement. Nous sommes rentrées à Plombières par un chemin rapide, plein de pierres roulantes, ce

---

(1) Nous avons conservé de ce vénérable et beau vieillard — et nous nous rappelons l'avoir vu — un portrait à la mine, que devait publier un grand artiste de Paris et qui est resté inédit.

(2) *Dieu sauve le roi!* chant national des Anglais.

qui nous a fait arriver un peu plus vite que nous ne voulions.

Les maisons de Plombières sont couvertes de petits morceaux de bois coupés carrément. Neuf, cela ressemble à du cuir; vieux, c'est luisant comme de l'ardoise. Il y a des trottoirs dans la Grand'Rue, et deux chaises à porteur à l'usage des riches. Tout le monde a l'air de bonne humeur. La promenade des Dames est belle et froide; celle de la filerie (1) est plus jolie et plus gaie. La vue est charmante tout autour de soi, n'importe comment on se tourne. Madame d'E. est venue ce soir; elle est très maniérée, mais elle affecte la brusquerie, c'est le contraire de madame N.

Vendredi. — Hier par un soleil brûlant, nous sommes parties avec un guide pour aller à la Feuillée, endroit fort estimé des voyageurs, et d'où l'on a une vue très étendue. Nous sommes entrées pour nous reposer chez une pauvre veuve qui demeure là, et qui nous a raconté une histoire de ses malheurs trop longue pour être touchante et surtout pour être redite. C'est par le bois Jacquot, ainsi nommé du nom de son propriétaire que nous sommes revenus en ville. Ce propriétaire, possède aussi l'hôtel de la Tête-d'Or, et ses pensionnaires vont se promener dans son bois, qu'il a coupé en mille quartiers pour y faire des chemins en tous sens et construire de nombreux cabinets de verdure où l'on se réunit les jours de festival. On rencontre partout et tous les jours de petites paysannes qui offrent aux passants des fleurs et des noisettes dans des assiettes fêlées. Toutes pauvres qu'elles sont, elles

---

(1) Tréfilerie est le nom français.

attachent leurs fichus avec des épingles d'argent grosses comme des pommes. Le soir, nous avons été nous promener à la fraîche, accompagnées de M. de la Vieuville, qui n'a cessé de parler politique avec madame de Coigny.

Ce matin, le docteur m'a mené visiter le bain public, où les malades étaient plongés pêle-mêle, hommes et femmes, jeunes et vieux, ce qui est affreux à voir. Ces figures en robes de laine inflexibles, plongées dans des baignoires de pierre, ressemblent assez aux figures de marbre des tombeaux, sans en avoir toutefois l'air calme et résigné. A voir cette manière d'être malade en commun, on se croirait dans un temps de calamité publique, où tout le monde perd le sentiment de la dignité. Madame de Coigny a pris une médecine violente, ce qui l'a retenue *at home* (1) et même *in bed*. J'ai lu sur mon balcon toute la journée, et c'est l'histoire de Louis XII que j'ai choisie. Je préfère ce monarque à celui qui règne aujourd'hui. J'en ai dit mes raisons à madame de Coigny, qui prétend que j'ai tort, et que celui-ci est au-dessus de tous les rois des temps passés. *Amen.*

Ce soir M. de Damas m'a rapporté un véritable buffet lilliputien, taillé dans un petit morceau de bois, et travaillé à la loupe. J'y mettrai mes bagues ; j'en ai cinq.

Je n'ai pas pu tenir mon journal depuis avant-hier ; j'ai eu trop de lettres à écrire à ma mère, à mes cousines, à ma tante Sarah, à Ninon, etc. C'est aujourd'hui dimanche ; toutes les femmes et toutes les filles sont venues à la messe, ornées de leurs plus beaux habits,

---

(1) *A la maison* et même *au lit.*

et parlant ce patois qui ressemble à de l'italien. Nous avons été nous promener au bord de l'eau, puis dans un bois sauvage où personne autre que des vaches ne semble avoir passé avant nous. Nous nous sommes déchirées, et madame de Coigny a été forcée de se mettre à quatre pattes pour se tirer d'un fouillis où elle s'était aventurée. Rien n'était plus gai et je riais comme une folle. Nous nous sommes assises sur des pierres que la mousse recouvrait depuis une éternité. Puis, au moment où j'espérais déjà que nous étions perdues, nous nous sommes retrouvées sur le chemin d'Épinal. Nous sommes rentrées cuites, brûlées, desséchées, grillées, etc. Le soleil est flamboyant sur ce grand chemin d'Épinal, mais on dit que c'est fort sain ; or ici, on ne pense qu'à sa santé, ce qui fait qu'on ne parle que de maladie. MM. de Damas, père et fils, sont venus ce soir, ainsi que M. de la Vieuville et de L , un nouveau venu qui est jeune, riche encore plus, doué par conséquent de tous les dons et de tous les moyens de plaire. Madame de Coigny le trouve très-bien ; moi, je le trouve très-désagréable. Il y avait bal ce soir, et toutes les dames s'habillaient à leurs fenêtres ouvertes. Au fait, puisqu'on les voit de jour dans leurs bains, elles n'ont pas besoin de prendre de grandes précautions pour cacher le soir les apprêts de leur toilette. Le bruit des violons a été couvert par notre lecture de l'histoire de Pologne, par Rhulière. Cela ne m'amuse guère ; je n'aime pas assez les Polonais. Madame de Coigny tâche de m'inspirer son goût pour les Mokranowski, son admiration pour Radzivill, sa passion pour Branicki, et tant de *ki*, toujours vaincus, toujours si malheureux, désolés, perdus, ruinés. Le malheur continu finit par désespérer et par rendre durs les témoins qui n'y peuvent rien ; alors, on aime à se dire : c'est leur faute. Or c'est peut-être vrai. Moi, je le crois, et cela me soulage.

J'ai dansé en entendant les airs du bal qui est en face de nos fenêtres ; je me suis rappelé les jolis pas qu'Abraham m'avait montrés ; celui surtout dans lequel on allonge le pied pour le rejeter ensuite en arrière me semble assez ravissant.

Hier nous avons été au Désert, et de là madame de Coigny a voulu monter sur la montagne malgré le vent, les pierres, les ronces et mille difficultés. Nous espérions, arrivées au sommet, voir le soleil éclairer tout cela ; mais il n'a pas paru. Alors madame de Coigny a dit : « Eh bien ! ce que nous venons de faire là est l'image de la vie, et c'est assez triste, n'est-ce pas ? » C'était au contraire très amusant, car le brouillard, la pluie et le vent ont aussi leur charme, et le mieux à faire est d'avoir le soleil en soi-même.

Après dîner, nous avons été au Palais Royal de Plombières, c'est-à-dire sous les arcades où il y a des boutiques. M. de Damas nous a promenées avec le docteur Martinet, que nous appelons Robinet, ce qui ne l'empêche pas de fort bien soigner ses malades car madame de Coigny se rétablit à vue d'œil. Elle a meilleur visage tous les matins, elle dort, mange comme tout le monde et marche bien davantage.

C'était hier la St-Louis ; j'ai porté dès le matin un bouquet sauvage, mêlé de brins d'if funèbre, attaché avec un long ruban noir, à madame de Coigny qui en a été très touchée. « Le souvenir de ma fille, m'a-t-elle dit, est ainsi attachée à moi maintenant. »

Le temps est rafraîchi, il a fait un orage et les chemins sont trempés. J'ai été voir les serins de madame Grillot et causer avec eux; ils me connaissent à présent et ils ne s'effarouchent plus. Il y a chez un voisin un merle qui fait mon envie ; il chante dès cinq heures du matin et encore à six heures du soir. Mais, si je l'achetais, comment l'emporterais-je ? c'est impossible, et, toute réflexion faite, il ne faut pas s'y attacher. J'ai des petits sapins qui poussent dans des pots sur mon balcon. Un petit sapin de deux ans a toute la forme et toute la tournure d'un sapin de la taille la plus élevée ; c'est le seul arbre ainsi reconnaissable en venant au monde. J'ai aussi planté de l'avoine dans des coquilles d'œuf ; je les pose sur de la mousse et c'est une curiosité que nos visiteurs contemplent avec étonnement. J'ai peint des ornements sur ces coquilles, d'où sort l'avoine si verte ; on a peine à deviner ce que c'est. Nous ne sommes pas sorties aujourd'hui, et le soir, nous avons eu des visites, entre autres madame N., qui va partir pour aller traîner autre part son tranquille ennui. M. de Damas prétend que ces belles dames de l'empire lui affadissent les eaux des Vosges.

Ce matin nous avons été à la promenade des Dames. Cette avenue a été plantée et tracée par le roi Stanislas ; c'est encore lui qui a fait construire le grand bain et les arcades. A propos de cela, nous avançons dans l'histoire de Pologne ; madame de Coigny se passionne à présent pour Caëtan Soltick, et aussi pour Poniatowsky, qui ressemble à Dalvimar. M. Rhulière fait trop de portraits ; c'est du remplissage. Madame de Coigny dit que j'ait tort de trouver cette histoire trop longue, et que c'est là une nécessité de ce genre de littérature. *Amen!*

Hier, après déjeuné, j'ai été me promener à cheval avec M. C. de Damas, qui m'a choisi la bête la plus tranquille de son écurie. Nous sommes allés par les meilleurs chemins, et nous avons parlé anglais. M. de Damas n'a pas voulu me permettre de galoper; moi je n'ai pas voulu trotter, ce qui fait que nous avons été au pas comme des malades. Madame de Coigny est venue sur le chemin d'Epinal au-devant de nous avec M. de la Vieuville. Le soir nous avons eu la visite du curé, qui est venu me demander de quêter dimanche dans l'église. Je lui ai dit que j'étais protestante; mais le curé et madame de Coigny ont résolu que cela ne faisait rien, ensuite ils ont parlé politique. Le curé est très au courant des affaires publiques et il s'est un peu querellé avec madame de Coigny. Quant à moi, j'ai été sur le balcon voir les rues de Plombières, si claires et si propres le soir. Le matin la vue est différente; on ne voit à toutes les portes que des matelas trempés, des draps mouillés, des éponges, des brosses, des servantes et des balais, etc., etc.

Le soir nous avons reçu la visite de MM. de Damas, qui sont venus pour nous dire adieu. M. Charles s'est chargé d'une lettre pour ma mère; il ira la voir et lui dira que je ne suis plus mince comme une perche, ni pâle comme une ombre, mais que je prends l'air d'une paysanne en bon état.

Mme d'E. a été malade et nous a apporté sa conversation, car on l'a aidée à monter l'escalier. Elle parle toujours avec madame de Coigny de l'empereur et de ses deux filles. Il est aussi venu un major, qui a reçu une balle dans le genou, qu'il a prise en Allemagne. Ce major est un peu timbré ; pour essayer son genou, il s'est mis à tant gambader sur le balcon qu'il a failli le faire crouler, ce qui, au reste, n'est pas ici chose sans exemple, car l'impératrice est tombée avec le sien dans la rue il y a quelques années, entraînant avec elle plusieurs dames qui l'accompagnaient ; mais heureusement tout le monde en fut quitte pour la peur. Le major et M. de Damas sont restés à se disputer ; l'un parlait en gentilhomme d'autrefois, et l'autre avec un peu de rudesse ; je crois même qu'il a juré.

Aujourd'hui madame de Coigny a écrit au général. Ces jours-ci, il n'y a pas moyen d'en avoir un mot, elle est tout entière dans l'encrier. Je me suis promenée comme un ours de long en large dans la rue. Le soir, le major est venu et nous a raconté les batailles de cette année. L'empereur passant dans un endroit où étaient campés des Polonais qui n'avaient rien à manger, les soldats lui crièrent : *Papa, cleba*, et l'empereur leur répondit : *Ni ma, ni ma*, [1] ce qui charma tout le monde et apaisa la faim. Un autre jour l'empereur, visitant un bivouac de soldats affamés, leur fit donner toutes ses provisions ; mais plus loin, il rencontra un régiment en marche, et comme il demandait à un officier le numéro de son régiment, l'officier répondit : « Le 17e à jeûn. » Et puis cette autre réponse : « Quelles provisions avez-vous, demandait l'empereur en parcourant un cantonnement où l'on manquait de tout. — Aucune, sire. — De quoi donc vivez-vous ? — De dévouement à votre Majesté. »

---

[1] Père, du pain — Il n'y en a pas, il n'y en a pas.

Toutes ces histoires nous donnèrent de l'appétit, et nous soupâmes de grand cœur avec des perdrix froides et des pommes de terres cuites au four.

Aujourd'hui nous avons été voir la fontaine du roi Stanislas, madame de Coigny à pied, une canne à la main, moi sur un âne, et une petite fille à l'avant-garde pour me conduire. La fontaine est située sur le haut d'une montagne, et l'eau jaillit d'un énorme grés à l'ombre d'un énorme chêne qui semble sortir du même rocher que la source. Ce lieu a un aspect abandonné et solitaire. L'inscription latine qui ornait la fontaine est à demi effacée, et le bassin est plein d'herbes fines et vertes qui vivent là paisiblement sans être troublées par la propreté des amateurs d'eau claire. Le soir nous avons été nous asseoir au Palais-Royal. Quelques passants sont venus faire cercle autour de madame de Coigny, qui a prolongé la conversation jusqu'à 10 heures, heure tardive en cet endroit où l'on se couche avec les poules pour se lever avec les coqs. J'ai été un peu traînante hier, je n'avais le cœur à rien ; j'ai emporté le serin de madame Grillot sur mon balcon, où j'ai lu *The Lay of the Minstrel*,(1) poëme qui vient de paraître en Angleterre. Ce matin, j'ai repris ma lecture après mon réveil. Il y a des choses très vraies et des descriptions très belles dans cette poésie un peu longue qui imite les anciennes ballades de *Yonder days and former times* (2). C'est tout à l'honneur de l'Ecosse, et madame de Coigny m'a demandé de lui en traduire quelques passages.

---

(1) Le lay du dernier ménestrel (poëme de WALTER SCOTT).
(2) Jours d'autrefois et des temps jadis.

Aujourd'hui j'ai reçu une lettre de ma sœur, qui s'amuse beaucoup. Madame de Coigny a eu des nouvelles de sa cousine, qui lui écrit cent mille folies et lui raconte une soirée chez Girard (¹), où chacun était costumé, déguisé et défiguré, dit-elle, et tout cela pour être mieux. Ceux qui sont laids se font plus laids qu'ils n'étaient naturellement, et c'est sous cet aspect qu'ils restent gravés dans la mémoire de leurs ennemis. Mesdames de B. étaient en déesses et Talma en chasseur poudré. Madame A. ajoute qu'on aime à faire voir ce qu'on ne montre pas tous les jours ; ainsi les hommes ôtent leurs cravates et les femmes mettent des jupons très courts.

Après déjeuner nous avons été à Lagrange-Chabrag (²) par un chemin charmant, et nous sommes revenus par un autre encore plus charmant à travers des prés, des ruisseaux, des fontaines et des sentiers verdoyants qui se multiplient à l'infini. Faire trois lieues à pied, cela appelle le sommeil et ouvre l'appétit ; aussi nous avons mangé comme des ogres. Madame de Coigny n'en finissait pas et disait : C'est bien vrai que l'appétit vient en mangeant. Moi, j'ai dit au contraire : Rien ne l'ôte plus que de manger. Elle m'a répondu : Bravo ! Là-dessus je vais me coucher pleine d'orgueil et de satisfaction.

Aujourd'hui, samedi, il a plu et nous sommes restés *at home*. Madame de Coigny a inventé des devises de cachet ; elle m'a demandé de lui dessiner une fontaine avec cette devise autour : *profonde, mais cachée*;

---

(1) Le peintre célèbre, mais il faut lire *Gérard*.
(2) La grange Chabraque.

c'est pour elle et son chagrin. Ensuite un cachet pour moi ; c'est une hermine avec cette légende : *Douce, blanche et fine.* Cela me transporte, mais je n'ai pu faire l'hermine, c'est tout le portrait d'un vilain rat.

C'est demain que je vais quêter dans une église catholique ; j'en suis fort aise, car j'aime les curés, les croix, les cloches, les moines, les images, les chapelles et tous les Saints. Quand j'avais cinq ans je faisais des autels entourés de poupées qui étaient à la messe, et on m'appelait *petite païenne*.

Dimanche. — Ce matin, le major m'a envoyé un bouquet de fleurs rares venues d'Epinal, et il est venu pour me donner la patte, car il a des mains affreuses, noires, sèches, meurtries et défigurées par la guerre. J'ai quêté avec gravité et j'ai reçu beaucoup d'argent ; il n'y a que la vieille marquise de la R., entrée dans l'église avec sa chaise à porteurs (d'où elle entend la messe sans toucher à un voisin) qui a feint de ne pas me voir ni entendre ; c'est une bien mauvaise chrétienne et une très méchante aristocrate, car elle est peu polie et pas charitable. Le curé a été très content de moi, il prétend qu'il faut me convertir. Madame de Coigny m'a fait manger à déjeuner des grenouilles dans un pâté. Je ne savais ce que c'était et cependant j'ai trouvé cela mauvais ; je ne pouvais comprendre ces petits os, je craignais que ce ne fût des oiseaux dont je ne veux jamais manger, parce que cela me fait trop de peine. Madame de Coigny m'a tirée d'embarras, et tout préjugé anglais à part, je trouve les grenouilles un pauvre manger, gluant, mollasse et fade. Après le déjeuner nous avons lu un peu des souvenirs de madame de Genlis, et à trois heures nous sommes allés à la maison de Remy, d'où nous avons aperçu une nombreuse partie allant faire un dîner champêtre. Il y avait des messieurs et des dames, des ânes chargés de paniers et des esclaves qui portaient du vin. J'aurais aimé à me joindre à cette caravane, mais madame de Coigny ne veut pas s'amuser. Nous avons péniblement grimpé jusqu'au haut du chemin de Luxeuil ; l'atmosphère était lourde et pesante, et nous étions de même. Madame de Coigny disait : « C'est le temps qui nous fait ce que nous sommes ; il nous faut le soleil et l'air pur pour être dans notre valeur. On devrait dire à ses amis : Quel temps fait-il chez vous ? c'est au reste ce qu'on demande tout de suite chaque matin en se réveillant. » Nous avons parlé du démon, tout en nous reposant au haut de ce chemin ; madame de Coigny en a peur le soir, elle y croit tout à fait ; moi, pas beaucoup, et j'en suis fâchée, à cause de Milton qui le fait si beau, si triste et si fier.

J'ai été réveillée ce matin par le son d'une cornemuse, dont jouait un Auvergnat voyageant au loin avec une boîte de dentelles. Je commence à m'ennuyer de n'avoir ni piano, ni harpe, ni guitare, ni même une serinette ! rien ! je lis ou je travaille quand madame de Coigny écrit. Ce matin c'était son courrier d'outremer, elle m'a demandé des vers anglais pour le duc de Bedford. Nous avions trouvé de grands millepertuis dans un lieu écarté, et je lui ai donné des vers de Gray, qui parle de ces fleurs sauvages nées « *to waste their fragrance in the desert air.* » (1)

---

(1) Pour prodiguer leurs parfums dans les solitudes de l'air.

Je n'ai pas de lettre de ma mère; cela me tourmente. Je n'aurais pas de courage contre l'inquiétude qui me viendrait de maman ou de Nancy; je leur ai écrit un petit volume pour me plaindre.

Nous avons été nous promener après la pluie sur la montagne couverte de grès qui forment un escalier. Il y avait des buveurs d'eau dans les prés au-dessous qui nous regardaient comme si nous étions des chèvres. Chemin faisant, j'ai brouté des mûres et cueilli du chèvrefeuille et *a sweet briar* (1). En descendant, madame de Coigny est tombée plusieurs fois, mais maintenant elle y est accoutumée. Après dîner nous avons été voir dorer du papier avec le major et M. de Damas, qui part demain seulement, et portera à maman mon volume de lettres; et lui dira combien je suis brûlée du soleil. Nous avons passé le reste de la soirée en Pologne avec M. Rulhières, qui n'en finit pas. Madame de Coigny est folle des princes Pulowski; je les aime aussi, mais je trouve toujours que les personnages n'ont pas l'air vrais et ne sont pas touchants comme le Falkland des rebellions de Clarendon.

Madame de Coigny a pris une douche ce matin, et moi, un verre d'eau; ensuite nous avons été faire une promenade qui n'avait pas le sens commun. Nous avons rencontré Mme d'E. assise à l'ombre, et nous avons causé avec elle; elle a parlé de ses filles : elle a dit qu'une des deux était faite à ravir et que l'autre avait besoin au bal de quelques jupons de dessous pour être à son avantage. Elle va marier l'autre bientôt. J'ai fait une guirlande de feuilles diverses que j'ai

---

(1) Une douce églantine.

attachée à la croix en rentrant en ville ; nous nous sommes assises auprès de la croix et j'ai écrit dessus avec le crayon de madame de Coigny, qui écrit à chaque instant ce qui lui vient dans l'esprit, ces phrases rimées ou non qu'elle a inventées :

> Passants, qui d'un air distrait regardez cette croix
> Entourée de nos fleurs,
> Arrosée de nos pleurs,
> Donnez un soupir à mes larmes.

Après dîner, nous avons été dans la boutique d'un libraire qui n'a que des romans. Nous avons eu ensuite la visite de M. et madame de T. et de M. de la Vieuville, de retour de son excursion dans les Vosges. Madame de T.... a toujours parlé ; elle est très drôle et porte un costume de bergère avec beaucoup de rouge et de rubans. Son mari ne dit rien.

Madame de Coigny a reçu une charmante lettre de M. de Narbonne. Elle contient des choses aimables pour moi. Il engage madame de Coigny à ne pas me laisser marcher sur les cailloux pour ne pas gâter mes pieds, qui sont, dit-il, une merveille. Il assure que M. de Laval en parle tous les soirs à madame de Laval. Me voilà bien fière ! Qu'on dise que les Anglaises ont des pieds comme des limandes de la plus grosse espèce !

Chaque jour ici on découvre quelque endroit plus charmant que la veille. Ce matin nous sommes parties comme de coutume, emportant un couteau, du pain et des sous en quantité suffisante pour faire des heureux et recevoir des bénédictions en passant, plaisir dont on peut goûter ici le bonheur à peu de frais.

Nous avons donc trouvé un petit chemin nouveau qui nous a conduites dans un grand pré plein de faucheurs sauvages qui mangeaient dans un grand plat de bois. Madame de Coigny leur a dit toutes sortes de jolies choses, et nous avons continué notre promenade, dont la description pourrait durer toute la nuit ; mais je m'endors, car ce soir nous avons flâné deux heures. Nous sommes allées à la croix, où nous avons trouvé la petite folle si jolie qui a des yeux bleus et noirs comme le général S.... (1). Si sa petite Fanny lui ressemble, nous regretterons encore davantage sa mère, qui ne la reverra plus. Hélas ! Hélas !

Comme la vie est calme et uniforme à Plombières, et comme l'on s'y rétablit promptement ! Nous ne reconnaissons plus les malades. Si jamais j'arrive à la vieillesse, je reviendrai ici dans cinquante ans. On n'a qu'une contrariété, c'est d'entendre le matin les gamins crier à tue-tête dès le point du jour, et puis le soir d'entendre le couvre-feu, usage conservé en ce pays.

J'ai de bonnes nouvelles de ma mère qui va bien.

Nous avons vu passer ce matin un enterrement. Les prêtres chantaient en marchant, et le corbillard était couvert d'un drap bleu-clair. Cela était bien triste, plus triste qu'à Paris, où tout a l'air brusque et mondain, même les enterrements. Le soir, il est venu deux grands juifs qui ont vendu à madame de Coigny une partie de leurs marchandises pour presque rien ; sans doute ils les auront volées, et c'est pour s'en débarrasser qu'ils ont vendu toutes ces choses à

---

(1) Sebastiani.

de tels prix. Madame de Coigny a bien recommandé de fermer les balcons avec soin, de crainte que les juifs ne fussent tentés de revenir par là pour reprendre ce qu'ils nous avaient vendu.

Ce matin nous avons été, par une chaleur extrême, à travers champs et par le chemin le plus long, au Val-d'Ajol. C'est un superbe vallon qui a sept lieues de circonférence, et qui est semé d'arbres et de petites maisons d'une ravissante propreté. L'église du village est charmante et très ancienne. Il est traversé par un ruisseau orné d'un pont romain, composé de cinq énormes pierres d'une belle couleur, et qui ont l'air d'être vieilles comme Romulus. Il y avait jadis en ce pays un homme célèbre qui s'appelait comme le village, Val-d'Ajol, et qui remettait tous les membres qu'on se brisait pour l'aller voir, car le chemin qui conduisait chez lui est encore un véritable casse-cou. En un mot, il avait le talent de remettre les os en place avec une facilité surprenante et sans faire souffrir. Cet homme est mort, mais il a laissé une foule d'héritiers qui possèdent son secret. Nous sommes rentrées tard et nous avons dîné de même; on était en peine de nous, et tout était brûlé à la cuisine. Après le dîner, le major est arrivé apportant des livres, des confitures, des gâteaux; il est plus ennuyeux que jamais, et je me moque de lui, mais cela semble lui plaire; il m'appelle la fière Albion, et il nous a raconté une foule de bêtises. M. de T... est venu en prendre sa part.

Nous étions si fatiguées ce matin que nous avons négligé la promenade; nous sommes restées à l'entrée du Désert. En trouvant des fleurs à la croix de pierre, j'ai trouvé des vers en réponse à l'inscription de madame de Coigny. Ces vers sont signés Brichambeau. Ce monsieur est l'aide-de-camp d'un vieux général. Il est venu à Plombières pour une blessure au bras qu'il guérit ici comme on guérit de tout. Il ne voit personne, parce qu'il habite avec une demoiselle que personne ne voit. Madame de Coigny a été très touchée des vers qui font allusion à la mort de Fanny. Elle a écrit au bas : « Ah ! que vous savez bien le chemin de mon cœur ! »

Le soir nous sommes restées sur le balcon, où le médecin est venu nous montrer sa face avec un œil aussi noir qu'un œuf frit et sa joue tout enflée d'une chute qu'il a faite. Cela compose un ensemble à faire rire ou pleurer, suivant les sentiments qu'on éprouve pour lui. Il est bien heureux d'en être quitte à si bon marché, car il a roulé, lui et son cheval, du haut en bas d'un chemin escarpé. C'est ce qui arrive assez souvent dans ce pays, où tous les chemins sont pierreux.

Ce matin, le major est venu assister à notre déjeûner ; il voulait nous accompagner à la promenade ; mais madame de Coigny lui a dit qu'elle ne s'en souciait pas. Nous avons été dans un bois par le chemin d'Epinal, et là nous avons vu des arbres extrêmement curieux. Un paysan qui se trouvait là nous en a montré un qui passe pour avoir trois cents ans. Il y en a qui ressemblent à des crocodiles et qui offrent des bancs naturels où l'on est assis comme dans des fauteuils. Toutes ces formes bizarres viennent de ce que ces pauvres arbres sont torturés dans leur jeunesse pour servir de clôture, et alors ils poussent comme ils peuvent et se torturent dans tous les sens. Je suis sûre que cela leur fait mal et qu'ils respirent difficilement. Madame de Coigny m'a dit que c'est peut être vrai et que ces arbres avaient l'air d'être les arbres généalogiques des anciens souverains de ces contrées. Cela nous a fait de la peine, et nous regardions avec plaisir le vieux chêne échappé à cette cruelle éducation.

Hier, nous sommes parties dès le matin avec M. de la Vieuville et le major, en char-à-bancs, pour aller voir la forêt de sapins, qui est à trois lieues d'ici. La pluie nous a empêchés de dîner sur l'herbe, mais non pas de nous promener sous les arbres verts et tristes qui offrent une couverture si épaisse, où l'on est à l'abri de l'eau comme du soleil ; mais décidément c'est trop noir. La pluie ayant cessé, nous avons pu descendre, comme dans une cave, au fond d'une vallée, pour voir un petit lac au bord duquel sont les ruines d'une ancienne abbaye qui s'appelle Hérival, et dont les moines avaient bien choisi l'emplacement, pour venir là, loin du bruit et du mouvement, oublier le monde et ses vanités. Jamais je n'ai vu rien de plus silencieux ni de plus triste que ces vieux murs couverts de ronces, au milieu de cette forêt noire, et cependant je comprends qu'on puisse vivre dans de tels endroits et même s'y plaire. Nous avons mangé un dîner froid dans un cabaret, et nous sommes rentrées à Plombières avec la pluie, et un peu brisées par les cahots du char-à-bancs.

Ce matin, la pluie a continué, et madame de Coigny a passé sa matinée à écrire. Moi, je suis allée visiter le merle du voisin avec un parasol qui me sert de parapluie. J'ai donné de la salade au merle, qui me connaît et saute partout dans sa cage aussitôt qu'il m'aperçoit. Je l'aime, ce pauvre merle ! je le regretterai ! En rentrant j'ai lu *Pilgrim's progress* (1), ce livre que ma mère m'a donné et qu'elle aimait tant. C'est un livre bien bon et bien curieux. Il amuse madame de Coigny, qui est dévote, mais autrement que ma mère. Je lui en lis quelquefois ou en anglais ou en français, car c'est un livre qu'on peut toujours recommencer. Il présente une ingénieuse allégorie des progrès que peut faire un pèlerin chrétien à travers les misères humaines ; et plus on le relit, plus on le comprend.

Nous arrivons à la fin de l'histoire de Pologne; ce n'est pas une allégorie, cela ! Ah ! qu'ils sont malheureux ! toujours plus et jamais moins. Le portrait du roi de Prusse est charmant.

Madame de Coigny a reçu un paquet du général S. ; il va revenir, et elle dit qu'elle souffre déjà du bonheur dont elle va jouir en revoyant ses fils revenir sans sa fille, dont ils ne rapportent qu'une tige. Le soir, il est venu des visiteurs, et le temps continue à se griser, c'est-à-dire qu'il pleut toujours.

Ce matin, nous avons fini l'histoire de Pologne, ouf ! Madame de Coigny dit que c'est fort bon de lire de temps en temps des ouvrages ennuyeux. J'ai été à la cuisine manger du miel en gâteaux, la cire est aussi bonne que le miel. Nous avons été avant dîner nous promener vers la commune de Ruaux, et nous sommes entrées au cimetière de Plombières, qui est

---

(1) *Voyage du pèlerin*, ouvrage anglais du 17e s., sorte d'épopée en prose mystique, allégorie de la vie chrétienne, d'une langue vigoureuse et riche. Il est lu avec édification par les ouvriers et les paysans eux-mêmes.

nu et sans ombrages; nous nous y sommes assises pour nous y reposer en passant. Le soir, j'ai lu l'histoire de Jeannot et Colin. Madame de Coigny trouve cela charmant; moi, cela ne me charme pas trop; madame de Coigny trouve que j'ai encore tort.

Dimanche nous avons été à la messe. J'ai lu dans un *English prayer book* (¹) et je ne pense pas avoir commis de sacrilège. Il y avait peu de monde; on fait des parties qui commencent à huit heures du matin et qui font oublier le service divin. Nous avons été nous promener après déjeûner, nous avons fait mille tours dans un bois, nous nous sommes perdues, et tout d'un coup nous avons retrouvé l'endroit par où nous étions entrées dans le taillis. C'était fête à Plombières, et on s'en apercevait au vacarme de trente jeux de quilles pour lesquels on se sert de boules gigantesques. Le soir, nous avons été voir madame de T., qui est malade et qui avait fait allumer du feu, ce qui fait toujours plaisir à voir même dans l'été. Madame de T. est très drôle à entendre causer; elle a toujours mille choses à nous dire, et madame de Coigny, qui s'en amuse beaucoup, l'empêche de jamais finir.

---

(1) *Livre de prières*, en langue anglaise, datant de 1549, qui n'a nulle langueur mystique.

« Admirable livre où respire tout l'esprit de la réforme, où, à côté des touchantes tendresses de l'Evangile et des accents virils de la Bible, palpitent la profonde émotion, la grave éloquence, la générosité, l'enthousiasme contenu des âmes héroïques et poétiques qui retrouvaient le christianisme et qui avaient connu l'approche du bûcher. »

« Cette religion n'est point faite pour des femmes qui rêvent, attendent et soupirent, mais pour des hommes qui s'examinent, agissent et ont confiance, confiance en quelqu'un de plus juste qu'eux. » (TAINE).

Cette longue note n'est pas inutile pour expliquer le caractère de Sarah Newton.

Hier, nous avons été à la papeterie acheter du papier. Dans la journée, j'ai fait des dessins à l'encre en me servant de plumes que madame de Coigny m'a taillées avec des ciseaux, faute de canif; elles vont très bien, et comme je n'ai ni couleurs ni pinceaux, je compte me livrer au dessin à la plume ; cela me servira toujours, et j'ai commencé par copier des feuilles de sycomore. Le soir, nous avons été voir le bal à travers les portes ouvertes. Il me semble que je ne sais plus danser à présent ; je ne sais plus que grimper les montagnes ; madame de Coigny dit qu'elle a appris à les dégringoler. En rentrant, nous avons commencé *Mademoiselle de Clermont* (1) ; je trouve cela charmant et je suis désolée que Chantilly soit démoli. Madame de Coigny dit que cette petite histoire est une perle, et je trouve pour le coup qu'elle a bien raison ; cela m'intéresse plus que les Polonais et que Jeannot. Le major est venu nous interrompre, il a dit en entrant : « Je vous dérange, saprebleu ! — Oui, a répondu madame de Coigny, mais c'est égal, vous vous en irez après.

Ce matin, nous avons été nous promener sur le chemin de Remiremont; nous sommes descendues vers un moulin dont j'aimerais à être la meunière, l'eau est si claire qu'elle a l'air d'être doublée de satin vert, tant elle réfléchit avec netteté les arbres qui entourent le moulin. Tout auprès il y a une pierre énorme toute couverte de mousse et qui a l'air d'être le tombeau d'un géant. Au bord de l'eau croissaient des champignons rouges que madame de Coigny prenait pour des homards, puis nous avons réfléchi que les homards

---

(1) Nouvelle historique de M⁻ᵉ de Genlis, 1802.

ne sont rouges que lorsqu'ils sont bouillis. Nous avons ri comme des folles de cette idée de homards et de champignons, d'histoire naturelle et de botanique. Le meunier, couvert de farine, est venu voir pourquoi nous faisions ce bruit. Il n'a rien compris à ce que madame de Coigny lui a dit ; moi, je n'ai pu que lui rire au nez encore plus fort. Nous sommes rentrées enchantées et apportant un énorme fagot de fleurs, de quoi nourrir trois vaches, si j'en avais. — En aurai-je jamais, des vaches à moi ? Pourquoi pas, si j'ai des prés ? Madame de Coigny dit que j'aurai ce que je voudrai, parce que je n'ai envie de rien.

So may it be, God's will be done (1).

Le soir, nous avons eu un nouvel arrivant, M. de Bétisy (2), qui est venu voir sa belle-mère, madame d'E. Je l'ai trouvé très bien ; madame de Coigny dit qu'il est ennuyeux parce qu'il ne parle pas, et elle veut qu'on parle, c'est sa manière de connaître les gens. Madame de Coigny met tout son esprit à stimuler celui des autres, et c'est pour cela, bien sûr, qu'on aime tant à causer avec elle, car elle vous fait valoir tant qu'elle veut.

Ce matin, madame de T. s'est promenée à pied avec son rouge et ses plumes défrisées ; elle marche en avant, M. de Chavanat la suit un livre à la main, et M. de T. suit M. de Chavanat en faisant de la tapisserie au gros point. Le soir, nous avons achevé *Mademoiselle de Clermont* ; j'ai pleuré une heure durant, et madame de Coigny me disait : « Mais tout cela n'est pas vrai. »

---

(1) Ainsi soit-il, que la volonté de Dieu soit faite.
(2) Lire Béthisy.

Qu'est-ce que cela me fait, lui ai-je répondu, si cela en a l'air ? Elle s'est mise à lire son livre de messe, comme toujours, avant de se coucher, et, pendant ce temps, je dessine à la plume, je fais des branches d'acacia et des feuilles de fenouil.

Ce matin, par un temps modeste, sans vent, ni soleil (que je préfère, qui enchante madame de Coigny, parce qu'elle n'a jamais assez chaud), ce matin donc nous avons fait une promenade sans but, et nous sommes rentrées sans avoir fait de découvertes. Le soir, nous avons commencé l'histoire de Suède, je n'en pense rien encore et je vais me coucher.

Nous sommes sorties de bonne heure ce matin pour aller voir la maison de Bon-Jean, fermier des environs, qui est dans sa propriété dont il tire bon parti. Par exemple il nous a vendu pour 10 sous de feuilles de lierre dont un vieux mur était couvert, et puis il nous a offert de l'eau de son puits, ce que nous avons refusé pour aller à quelques pas de là boire à pleines mains à l'abreuvoir d'un ruisseau ; nous nous sommes un peu perdues en revenant. Madame de Coigny n'a pas voulu traverser une rivière dont on voyait le fond ; elle a préféré se fourrer dans un taillis pour gagner le chemin de Remiremont, et nous y avons laissé, à travers les ronces et les branches, la moitié de nos vêtements : nous sommes arrivées en loques. Le soir notre ignorance en géographie a fait les frais de la conversation avec le major et madame de Coigny, qui ne lui répond presque jamais et ne le regarde pas davantage, tandis qu'il ne cesse de lui parler à tort et à travers. On nous a apporté des oiseaux peints sur carton, c'est-à-dire que ce sont les plumes de ces pauvres oiseaux qui sont collées sur carton et arrangées de manière à représenter leurs formes comme s'ils étaient vivants. M. de Bétisy m'a envoyé deux bouvreuils représentés de la sorte, et le major m'a donné un nid peint avec des petits emplumés dedans, ce qui me fend le cœur. Madame de Coigny ne peut pas me dire cette fois comme pour l'histoire de *Mademoiselle de Clermont* : « Ce n'est pas vrai ».

Nous avançons dans l'histoire bien véritable de Gustave Vasa ; cela m'intéresse beaucoup. De mon côté, et en particulier, je lis de l'anglais tous les matins. J'étudie Camp, et son petit poëme de la Rose après l'orage est une jolie pensée. Quand ses poésies sont étendues, elles tombent dans l'ennuyeux, car il y a peu d'idées pour beaucoup de mots. J'aide madame de Coigny à finir ses bandes de tapisserie ; elle dit qu'il n'y a plus à présent d'autres fleurs pour elle que celles qu'elle fait à l'aiguille, mais que le monde est tout plein devant moi de véritables fleurs.

Nous avons été voir la source du ruisseau St-Antoine, qui forme plus de vingt cascades plus jolies les unes que les autres. Il n'y a personne qui nous surpasse comme promeneurs, car nous ne craignons ni la pluie, ni le vent, ni le soleil, ni les broussailles, ni les prés pleins d'eau, ni les pierres, ni les bêtes féroces. Nous faisons le sujet des conversations de tous ceux que madame de Coigny ne veut pas recevoir.

Le soir, le major est venu avec son lieutenant et son autre officier. Madame de Coigny veut bien voir des épaulettes, à cause du général qu'elle aime tant.

Hier, nous avons été visiter la maison de M. Remy, située au milieu de son jardin ; l'un et l'autre sont d'une propreté infinie. Le médecin et le major ont dîné avec nous ; l'un semblait avoir jeûné pour se donner de l'appétit, l'autre avait fait provision de mots. Nous avons fait des calembours, et ceux de madame de Coigny étaient inépuisables ; elle en écrit à ses lords d'Angleterre, qui aiment cela. Le médecin a chanté l'air de *Richard, ô mon roi !* Sa voix ressemble assez au son d'un vieux chaudron ; moi j'ai chanté *Ermite, bon ermite* ; le major n'a pas pu réussir à filer une note. Madame de Coigny dit qu'elle n'a jamais chanté de sa vie. Madame d'E. et M. de Bétisy sont venus après ce dîner provincial, qui a ravi les deux convives. Les buveurs d'eau partent, et nous ne les regretterons pas beaucoup ; la beauté du pays nous suffit.

Nous avons commencé les *Révolutions romaines* de l'abbé Vertot ; cela me plaît, mais je n'aime pas les Romains ; madame de Coigny prétend que c'est l'orgueil natif anglais qui me rend si difficile pour les autres peuples ! C'est à mon insu, ce me semble, et si c'est natif, qu'y faire ?

Ce matin, nous sommes allées à la Corvette, et nous avons bu pour six sous de vinaigre qu'un chrétien nous a vendu pour du vin. Nous sommes revenues côte à côte avec une bergère qui nous a raconté son histoire, car madame de Coigny demande à tous ceux qu'elle rencontre : qui êtes-vous ? d'où venez-vous ? que faites-vous ? que pensez-vous ? Cela amuse presque tout le monde de répondre ; il n'y a que les gens d'un détestable caractère qui lui tournent le dos d'un air choqué.

Nous sommes jusqu'au cou dans les *Révolutions romaines* et nous ne pensons plus qu'aux grands événements qui ont occupé le monde longtemps avant l'empereur, ses guerres, ses armées et ses victoires. Tous ces grands hommes d'autrefois me font trouver petits nos visiteurs du 'crû, et le major ne ressemble guère à Coriolan.

M. de Sorans est arrivé hier pour voir sa sœur qui est assez malade. Il a la figure si propre qu'elle a l'air d'être vernie; il est soignée, peigné, rasé comme on ne l'est pas ici, où chacun ne se lave que par maladie et ne se frise que le dimanche.

Nous avons été ce matin, sans le vouloir, chez le père Vincent, où il y avait noce d'une petite-fille avec un petit-neveu; nous avons mangé des quiches et bu du vin. Nous avons vu valser ces paysans des Vosges, et leur valse est parfaitement ridicule, car ils ne se tournent pas assez, ils ne font qu'un quart de rond.

Le major est parti, et certes, j'en suis bien aise, il m'ennuyait, et madame de Coigny avoue que pour elle il était assommant. J'ai acheté de grosses étoffes pour me faire un costume comme celui des paysannes sauvages de ce pays. La noce d'hier est venue ce matin se promener dans la ville; j'ai encore été la voir valser. La mariée portait à son côté une énorme relique, attachée par une chaîne d'argent; ce qui ne l'empêchait pas d'avoir l'air parfaitement misérable. Nous avons vu nos voisins partir en espèce de charrette pour aller au Val d'Ajol; bien sûr, ils arriveront cassés et ce sera très heureux pour les raccommodeurs d'os rompus qui font la célébrité de ce lieu. Nous avons admiré la marquise de la Rivière, d'Escarbagnas, de Falbalas, etc., vraie caricature du temps de Clodion, qui passe roide avec tous ses jupons empesés, précédée de son chien et suivie de son laquais ; elle ne salue que les gens de l'ancien régime et se détourne de tout ce qui tient à l'empereur comme si c'était des crapauds. Nous nous sommes promenées au hasard et nous avons rencontré un jeune homme porteur d'une très longue barbe très noire et d'un habit tout usé ; il meurt de faim, lui, sa femme et sept enfants, nous a-t-il dit. Madame de Coigny lui a donné toute sa monnaie et moi tout le pain que j'emporte toujours dans un panier qui me sert aussi à rapporter de la mousse, des fleurs et des cailloux. Le soir nous avons été visiter madame de T...., qui est toujours au lit ; elle était entourée de ces trois messieurs qui faisaient un whist avec un mort. Madame de T.... a relevé tous mes cheveux qui pendent trop bas, dit-elle, sur mon cou ; mais je me trouve affreuse sans mes oreilles de chien blondes et bouclées ; quand tout cela est relevé sur la tête, j'ai un air hardi qui fait mal à voir. Ces trois messieurs ont dit qu'ils aimaient mieux mes cheveux au naturel. Nous avons lu l'histoire de Camille au siége de Véies avant de rentrer dans nos chambres.

Ce matin, pendant que nous étions à déjeuner, nous avons entendu claquer des fouets de poste et passer une voiture ; cinq minutes après nous avons vu entrer M. Greffulhe, qui arrivait de Langres tout exprès pour nous voir. Il mourait de faim, de soif et de fatigue, après avoir été cahoté au grand galop des chevaux qui allaient comme le vent sur les chemins pierreux. Il a raconté toutes les nouvelles politiques, et au détriment de l'empereur, que madame de Coigny défendait toujours. Ensuite nous avons été nous promener ; M. Greffulhe était d'une gaité folle et excellente ; il a dit que, si nous voulions passer l'hiver ici ; il resterait avec nous et ferait venir des livres et des chevaux. Il n'a pas voulu nous laisser lire les choses romaines, après dîner, ni en lire lui-même ; il aime mieux causer et nous avons veillé jusqu'à onze heures.

Hier, la pluie nous a privées de sortir. M. Greffulhe a dit que cela lui était égal ; nous avons pu cependant le mener à la forge avant le dîner et voir le Palais-Royal ; le soir il a recommencé la politique anti-impériale et madame de Coigny s'est encore fâchée. Après avoir regardé mes pauvres dessins à la plume, il est allé dans son hôtel me chercher des crayons et du papier anglais ; demain je lui dessinerai une herbe quelconque.

Hier, nous avons été tout le jour en course. Nous avons mené notre visiteur à la ferme Jacquot, où l'on abattait des noix ; nous en avons mangé et emporté. Ensuite nous l'avons mené à la croix et au Désert. A dîner, on a servi une quiche chaude avec une fève cachée dedans ; la fève m'est échue et je n'ai pas voulu prendre de roi ; j'aime bien M. Greffulhe, mais il est trop gros pour être un roi selon mon goût, et puis il n'a été à aucune bataille, et c'est vraiment ridicule. Le soir nous avons ri comme des folles, et madame de Coigny lui a assuré que nous étions toujours aussi aimables que cela. Il a dit que cela lui tournait la tête, et madame de Coigny lui a répondu qu'il y avait bien de quoi. Il a raconté à madame de Coigny des histoires sur madame de B...., madame de C...., madame de N...., etc., et enfin sur tout le monde ; il a parlé aussi de la princesse P..., (1) qu'il déteste. Mais vous n'aimez donc pas les camées antiques ? lui a dit madame de Coigny. — Il m'a donné *The wild Irish girl* (2), roman que vient de publier une Irlandaise, et puis aussi une petite édition de *Rasselas* (3) avec des gravures charmantes. Il m'a dit qu'il voudrait m'offrir tout ce qu'il y a sur la terre. Dans ce moment, je ne désire rien que le meilleur piano d'Erard.

Ce matin nous avons fait une énorme promenade. Nous avons traversé des prés immenses où nous nous sommes embourbées. Pour en sortir plus vite, il nous a fallu grimper sur un rocher; madame de Coigny tombait toujours, et alors M. Greffulhe a tendu sa canne en se tenant à un arbre, il a ainsi hissé madame de Coigny. Moi, j'étais au-dessus, riant de ce coup d'œil qui ressemblait à la scène du déluge de Girodet; cette idée nous a beaucoup égayés. Il a fallu faire un long détour pour revenir à Plombières. M. Greffulhe est bien étonné de nos promenades, il n'avait pas idée de cette passion pour les lieux les plus inconnus et les moins frayés par les humains. Nous avons mangé comme des loups; M. Greffulhe trouve nos dîners excellents et servis très chauds; il est gourmand, et il n'y a pas de mal à cela. Le soir madame de Bétisy est venue ainsi que M. H..., qui connaît le général S...; il n'a pas d'autre qualité.

Hier il a plu et je n'ai pas pu écrire à ma mère, car M. Greffulhe ne nous quitte pas : il mange avec nous, se promène avec nous, cause toute la journée et nous

---

(1) Pauline Bonaparte, d'une admirable beauté.
(2) La sauvage Irlandaise.
(3) Roman anglais du célèbre littérateur Johnson.

empêche de lire ; mais il va partir demain et alors nous reprendrons les *Révolutions romaines* sans distraction. Nous avons veillé jusqu'à 11 heures. Notre visiteur ne pouvait s'en aller ; il dit qu'en nous attendant à Paris, il va s'ennuyer partout et avec tout le monde.

Ce matin M. Greffulhe est parti après déjeuner pour avoir la douceur de nous faire ses adieux, la bouche pleine de quiches chaudes, lui a dit madame de Coigny. Il a demandé la permission de nous embrasser, et puis il est monté dans sa calèche, que nous avons suivie des yeux sur la route d'Epinal. Nous regrettons notre visiteur, qui est parfaitement bon et facile de caractère. Madame de Coigny lui pardonnait presque de dire que toute cette gloire de l'empereur ne servirait qu'à la ruine de la France, et moi je commençais à le trouver moins gros.

Nous sommes rentrées ce soir dans le siège de Véies avec Camille, et puis nous avons admiré Manlius, les Gracques et *tutti quanti* ; mais je ne puis aimer ces gens qui, par vertu, tuent ceux qu'ils chérissent. Malgré la pureté de leurs intentions, je m'intéresse peu à ces grands caractères qui ont révolutionné le monde et agité toute la terre.

La pluie nous a privées de sortir ce matin ; elle tombe sans relâche. Nous avons écrit des lettres et nous en avons reçu. Maman et Nancy vont bien. Ma sœur est partie pour le midi, ce qui ne l'amuse pas beaucoup.

Madame de Coigny, qui a le goût de voyager, veut aller voir la chute du Rhin, et ce soir, elle a parlé à M. de T.... de ce projet ; mais M. de T...., qui est fort (en géographie), a démontré à madame de Coigny, qui ne l'est pas autant, qu'il y avait cinquante lieues d'ici à la chute du Rhin, au lieu de dix, comme nous l'espérions, et que ce serait trop long pour y aller dans le char-à-bancs de Jean de l'Ours, qui ne vaut rien, qui casse à tout moment et dont le cheval n'a que le souffle. Le soir, nous avons fini les *Révolutions romaines*.

J'ai fait une caricature sur une marchande de modes venue ici pour la saison, qui portait un chapeau à plumes sous le bras et des bagues à tous les doigts. Cette image a été regardée par la suivante mademoiselle Caroline, qui l'a montrée à madame Grillot, et celle-ci à M. de Brichambeau, qui y a ajouté des vers à l'auteur de ce portrait :

D'un sot qu'avec esprit les grâces ont berné,

qui ne lui paraît pas à plaindre

Puisque vers lui mes beaux yeux ont tourné.

J'ai emporté l'image et les vers.

Hier l'auteur des vers s'est fait annoncer chez madame de Coigny pour lui offrir ses services et faire ses commissions à Paris, où il va. Il y avait longtemps qu'il désirait entrer ici, et nous l'avons trouvé si charmant que madame de Coigny a regretté de ne pas l'avoir reçu plus tôt; il est un peu fat pourtant, mais cela ne lui va pas mal; il ressemble à madame D...., avec l'œil moins hardi, quoiqu'il passe, dit madame de Coigny, pour l'être tout autant.

Nous avons été nous promener le matin par la jolie chaussée, et le soir voir madame de T..., moi avec mon costume de paysanne, qui l'a enchantée ainsi que ces trois messieurs et le médecin qui se trouvait là. A notre heure accoutumée, nous sommes rentrées *at home* et nous avons commencé *Zadig*. Voltaire et l'empereur se disputent le cœur de madame de Coigny.

Ce matin j'ai reçu à mon réveil des vers de M. de Brichambeau, qui arrive en partant. Il me dit, en me faisant ses adieux, qu'un homme illustre, appelé comme moi, a découvert l'attraction, mais qu'il y en a bien autrement dans mon regard que dans toute la science de mon grand oncle, etc.

Nous avons passé toute notre journée à grimper ; nous sommes entrées dans un pré rempli de pensées jaunes ; c'est une variété que je ne connaissais pas. Il a fallu franchir des tas de pierres pour sortir de ce pré ; ensuite nous avons gravi une petite montagne, où nous avons trouvé un pommier sauvage en fleurs, et, en entrant en ville, nous avons encore grimpé pour voir la croix où sont nos saintes écritures, profanées par les vers de M. de Brichambeau. Le soir, le curé est venu et il a dit à Madame de Coigny que l'empereur n'était pas un vrai catholique ni même un Français. Madame de Coigny lui a répondu qu'il était chrétien et que la Corse était française. Après le départ du curé, nous avons fini *Zadig*, puis nous avons causé chiffons. Madame de Coigny dit que les Anglaises aiment la toilette pour la toilette, et qu'elle ne font cas que des choses chères ; elle trouve cela stupide. Elle se rappelle avec étonnement d'avoir eu autrefois une plume jaune qui lui tombait sur l'oreille et qui avait coûté 1,500 francs. Elle dit que, lorsque la figure ne lui fait plus plaisir, il ne faut pas qu'elle donne d'ennui et que l'on a tort de regretter ce qui est passé, parce que tous les âges ont leur joie. Elle m'a raconté que la marchande de modes en réputation de son temps, et qui inventait des toilettes pour la reine Marie-Antoinette, avait désiré voir un bal de la cour impériale; on la plaça quelque part et on lui fit voir madame de Caulaincourt, madame Maret, madame Renaud, etc. Elle les trouva indignement fagotées avec des robes serrées, peu amples, peu étoffées, sans pli ni majesté, sans taille ni manches; elle prétendait que c'était de belles statues sur lesquelles on avait mis quelques gazillons.

Ce matin, nous avons été au tombeau du Géant, où nous avons rencontré une nombreuse société de dames et de messieurs. On commence à prendre goût aux promenades à travers tout pour n'arriver à rien, comme nous les aimons. Le soir, nous avons commencé les *Révolutions de Portugal* après le départ de M. de Sorans, qui a conseillé à madame de Coigny d'aller voir le Ballon, qui est la plus haute montagne des Vosges. Il va faire cette excursion, où il désire nous entraîner, et nous irons.

Nous sommes donc parties avant-hier, à huit heures, dans le char-à-bancs de Jean de l'Ours, couvert de tapisseries et attelé de deux pauvres chevaux fantastiques. Ce char ressemblait à des caisses fermées où l'on montre des bêtes curieuses. Les chevaux avaient la tête basse et l'air morne, mais toujours au galop par-dessus les pierres, les ornières, les buttes: rien ne les arrêtait. Madame de Coigny criait, M. de Sorans s'inquiétait, et moi je riais de nos soubresauts.

Remiremont, où nous avons déjeuné, était jadis une ville brillante; il y avait des hôtels, de superbes jardins et un chapitre fameux. L'église est encore fort belle, le clocher magnifique et le cimetière, plein de fleurs d'automne qui croissent naturellement, présente un aspect mélancolique. La plupart de ces belles maisons sont fermées, et l'herbe pousse dans les rues ; c'est une espèce de petit Versailles, et on soupire en voyant cet abandon.

Depuis Remiremont jusqu'à Saint-Maurice, les montagnes sont très élevées, et les paysans ont de gros cols. Nous nous sommes arrêtées à la Trappe (¹) pour laisser souffler nos chevaux. Nous avons visité l'église, qui est au haut d'une montagne; ensuite, nous sommes entrées dans une étable, où l'on dansait pour fêter une noce. Nous avons été très priées pour valser, madame de Coigny et moi, mais nous avons refusé, au grand chagrin de M. de Sorans. Par compensation, nous avons accepté de la galette, que nous avons mangée sur un vieux tronc d'arbre, tandis qu'un imbécile, affligé d'un goître, nous jouait sur une épinette des airs singuliers.

Nous sommes arrivées à Saint-Maurice à temps pour voir la source des eaux de Bussang, qui sortent du gazon dans une prairie ravissante, peuplée de belles vaches noires. C'est un lieu charmant, et l'eau de la fontaine de Bussang est meilleure que du vin de Champagne. De là, nous avons été voir la source de la Moselle, qui est à deux pas de l'autre source ; l'eau de la Moselle n'a pas de vertus médicinales, mais elle devient une grande rivière, grâce à un ruisseau bouillonnant qui s'appelle le Drimont (²) et qui tombe d'un

---
(1) Sans doute *Létraye*.
(2) Le Drumont, qui prend sa source à la montagne du même nom.

rocher en cascade. Je trouve que la Moselle devrait s'appeler le Drimont, car c'est ce ruisseau qui fournit le plus d'eau au point de départ. Nous avons vu d'énormes roches et des granits prodigieux en revenant à Saint-Maurice. Madame de Coigny, qui aime tant les parties, en tombe toujours malade, car les parties ne lui vont pas. Elle mange toujours, partout, et alors il lui vient des migraines. Elle s'est couchée tout de suite, et j'ai soupé tête à tête avec M. de Sorans, qui m'a fait goûter à ce fameux fromage des montagnes qui marche tout seul et dont les boîtes s'ouvrent d'elles-mêmes. Cela est horrible à voir et à manger ! En voyant M. de Sorans y prendre plaisir, j'ai pensé à cet Anglais qui avait fait comme lui et qui disait avoir détruit autant d'animaux que Samson de Philistins, et avec le même moyen, c'est-à-dire avec une mâchoire d'âne.

M. de Sorans m'a demandé si j'épouserais un militaire, je lui ai répondu que non affirmativement ([2]), et il a très fort approuvé ma résolution. Il m'a dit ensuite que madame de Coigny lui avait assuré que j'avais le plus aimable caractère qu'elle eût jamais rencontré ; cela m'a fait grand plaisir, car c'est peut-être l'essentiel.

Nous nous sommes levées le lendemain à deux heures du matin pour aller bien vite grimper sur le Ballon ; notre guide portait une grosse lanterne, et tous les grands sapins qui ornent cette montagne avaient l'air de grandes ombres noires qui nous regardaient passer ; je dormais en marchant, et M. de

---

(1) On a vu que ses deux maris furent des militaires. O jeunesse !

Sorans soutenait madame de Coigny, qui avait mal au cœur et s'arrêtait à chaque pas.

Ce voyage a duré deux heures au moins ; après mille fatigues, nous sommes arrivés au sommet pour voir le lever du soleil, qui ne s'est pas levé ! Madame de Coigny était furieuse contre lui ; M. de Sorans ne disait rien, ni pour ni contre, et moi j'aimais assez ce brouillard ; il s'est dissipé peu à peu et nous avons pu voir et admirer la Franche-Comté, l'Alsace, la Forêt-Noire, etc., etc. Cela était très beau et l'air que nous sentions était très frais. Madame de Coigny s'est un peu remise, et nous avons pu descendre sans retard. Au pied de cette montagne, nous sommes entrés dans la maison d'un paysan qui nous a offert du lait, et là nous nous sommes chauffés à un feu de pommes de pin, ou plutôt de pins, puis nous sommes revenus à Saint-Maurice pour déjeuner comme des ogres, même madame de Coigny qui s'était débarrassée de sa migraine sur le Ballon.

En rentrant à Plombières, le soir, elle s'est couchée, et j'ai encore soupé tête à tête avec M. de Sorans, affamé comme moi. Nous avons vidé le garde-manger de madame Grillot et dévoré notre déjeuner du lendemain. Je suis très contente d'avoir vu le Ballon, les eaux de Bussang et la source de la Moselle, mais je suis charmé d'être revenue à Plombières.

Ce matin nous n'avons pas bougé ; madame de Coigny a écrit, et moi de même, car les jambes me font mal. Le soir nous avons visité madame de T...., qui est toujours au lit avec son étrange bonnet et une camisole tout ouverte ; madame de Coigny prétend qu'elle peut tout montrer sans rien faire voir. M. de

Sorans nous a forcées de jouer au whist ; madame de Coigny coupe à tort et à travers, reprend ses cartes, regarde celles de ses voisins et s'amuse beaucoup en trichant ; aussi nous avons ri comme des fous et nous sommes rentrées tard.

Nous avons fini les *Révolutions de Portugal* et commencé la *Guerre de Trente ans,* de Schiller.

M. de Sorans est venu nous dire adieu. Voilà l'automne arrivé, et nous faisons du feu le soir. Les cascades deviennent plus fraîches à regarder, et l'air des montagnes nous donne des couleurs de santé.

J'ai fait connaissance avec une petite fille charmante, qui monte chez nous le matin pour partager le déjeuner après avoir eu soin d'ôter ses sabots et de se laver les mains. Je l'ai trouvée dans la rue demandant quelques sous à une dame qui ne lui donnait rien ; elle emporte tous les jours du pain et un peu de fricot pour sa mère qui est malade, dans un pot, comme dit Brunet, dont madame de Coigny raffole en faisant collection de ses nouvelles bêtises pour les écrire à Gustave et à lord Lauderdale.

Avant dîner nous avons été nous promener à la pluie, armées de parasols. Le soir nous avons lu du Schiller et hier nous avons fait exactement la même chose. Madame de Coigny m'a dit que le temps paraissait passer plus vite quand on l'employait d'une manière uniforme. Je croyais le contraire, j'apprends tous les jours quelque chose.

Ce matin nous avons fait une précieuse découverte ; madame de Coigny avait cherché et fait chercher un arbre sur lequel sa Fanny avait écrit son nom dans le voyage qu'elles firent ici il y a deux ans ; cet arbre avait disparu, ou bien madame de Coigny ne se rappelait pas exactement l'endroit. Enfin, tout d'un coup, en cueillant de la vigne sauvage, je vois le nom et le jour du mois. Je pousse un cri ; madame de Coigny croyant qu'une bête me mordait, crie de son côté ; je lui montre l'arbre et alors elle se met à fondre en larmes. « Dieu soit loué ! » a-t-elle dit, la hache a respecté ce gage muet et parlant de ma chère fille ! » Nous l'avons garni d'une foule de branches roulées autour afin de le retrouver. En rentrant, madame de Coigny a chargé le médecin d'aller chez l'administrateur des domaines afin d'obtenir l'ordre de conserver cet arbre précieux. Si cela ne réussit pas, elle le demandera au ministre dès qu'elle sera à Paris et peut-être même à l'empereur.

Il est arrivé ici des prisonniers prussiens qui ont l'air fort triste. Le soir on a battu le rappel dans les rues, ce qui faisait l'effet du tocsin ; le son du tambour nous a fort effarouchées.

Nous avons été dès le matin voir ce pauvre arbre, et j'en ai emporté des feuilles pour en faire une guirlande solide afin de l'orner un peu plus convenablement. Nous nous sommes assises sur le serpolet au haut d'un chemin désert, et madame de Coigny m'a raconté mille choses sur le temps de son émigration et sur la mort de sa seconde fille, la petite Rosalba, qu'elle pleure toujours à Noël, jour où elle est morte pour avoir peut-être été trop gâtée, agitée, soignée et câlinée. Madame de Coigny l'amenait partout et la montrait à tout le monde, même la nuit dans son berceau ; ah ! comme c'est triste !

Le soir, nous avons vu une comète. Qu'est-ce

qu'une comète? Madame de Coigny n'en sait rien, ni le médecin, ni le curé, ni personne.

Madame de Coigny a reçu une lettre de Tiburce; il s'ennuie de ne pas nous voir revenir et de ne pas se battre.

Ce matin nous avons été voir l'arbre ; nous l'adorons comme on adorait la lune. Nous sommes païennes à présent ; nous divinisons les arbres, les croix, les souvenirs. Nous sommes allées voir madame de T..., qui a donné à madame de Coigny l'idée d'acheter l'arbre et de le faire scier pour garder sous verre le morceau où Fanny a mis son nom. Le fait est que l'arbre en grossissant fera disparaître le nom qui s'écartera de plus en plus. Madame de T... est accoutumée d'être malade ; elle n'y pense plus, dit-elle, et elle cause, elle rit, elle est très aimable.

Ce matin, madame de Coigny a écrit aux puissants du jour, et elle a mis dans ses lettres quelques-unes de mes caricatures du cru, de sorte, dit-elle, que, si son style n'est pas clair, au moins il ne manquera pas de figures. Nous avons ensuite été nous promener sur le chemin de Luxeuil, où nous nous perdons toujours. Nos voisines sont parties ce matin; nous ne verrons plus ces robes bleues et rouges avec des chapeaux verts et jaunes ! Elles nous ont envoyé des cartes d'adieu P. P. C., où il y a écrit : Mesdames Flottard, *pour les arvoir;* c'est l'usage à Plombières d'envoyer ces sortes de cartes, et, *pour les arvoir*, signifie : au revoir. Nous avons mis deux heures à deviner la chose.

Ce soir, nous avons laissé la *Guerre de Trente Ans*, qui ennuie madame de Coigny, et nous avons commencé le *Siècle de Louis XIV*. Dès le début, cela intéresse; c'est bien plus chaud et plus rapide que l'allemand.

Madame de Coigny a reçu une lettre de M. Greffulhe; elle est à moitié pour moi, et il nous attend avec une grande amitié. Il pense que Plombières devient malsain depuis que les jours diminuent.

La marquise de la R... est venue dire adieu à madame de Coigny; c'est la première fois qu'elle montait nos escaliers; elle ne comprend pas que, n'étant pas malades, nous restions seules ici dans un pareil isolement. Madame de Coigny, au contraire, dit qu'elle aura grand'peine à s'arracher aux douceurs de la tranquillité et au calme d'une petite ville à moitié dépeuplée. La vieille marquise des temps passés avait son chien, son toutou, qui fait, lui a dit madame de Coigny, le tout de son existence. La vieille marquise n'a pas compris; elle ne connait pas Brunet et ne sait pas les calembours, choses que l'empereur permet comme parfaitement innocentes. Pas toujours, cependant. Le triomphe ou Trajan (outrageant) qu'on avait affiché un soir, et puis: l'empereur sur un trône sans glands (sanglant). Si madame de Coigny savait que j'écris ces choses, elle ne dormirait pas; mais je les lui conterai demain avec d'autres encore, avec la caricature anglaise du roi d'Angleterre, tenant sur son pouce l'empereur tout petit, avec ses bottes et son chapeau, et le gros John Bull le regardant à l'aide d'une loupe, et disant: *What a pernicious little animal* (¹) !

Ce matin, nous avons été au Désert, et, de là, voir

---

(1) Quel dangereux petit animal !

notre arbre consacré. La guirlande est intacte, personne n'y touche. Ensuite, nous avons fait un grand détour pour rentrer par un chemin charmant, qui semble toujours nouveau, à cause de ses sinuosités.

Ce soir, nous avons lu beaucoup du *Siècle de Louis XIV*. Madame de Coigny a reçu ce matin des lettres du général et de Gustave. Tout va bien autour d'eux, et bientôt ils seront à Paris. Nous avons été voir nos promenades favorites, car, nous aussi, nous serons bientôt à Paris, et je reverrai ma mère et Nancy ; mais ma sœur est encore dans le Midi pour longtemps. M. de Percy adore le soleil, l'ail et les Provençaux. Ma sœur déteste les cousins, la chaleur et la cuisine à l'huile.

Nous sommes restées longtemps assises sur des rochers couverts de mousse, au bord de la cascade du Désert ; madame de Coigny disait : « Ceci ressemble peu aux ruisseaux de Paris, dont pourtant madame de Staël préfère l'odeur, la couleur et le goût ; quel travers d'esprit et quel défaut d'organisation ! »

Le soir, nous avons peu lu du Louis-le-Grand, car madame de Coigny a été obligée de se coucher à neuf heures. Je viens d'écrire à ma mère et je vais faire mes prières pour qu'elle se porte mieux.

Hier, madame de Coigny a eu une indisposition qui a duré toute la nuit, et elle m'a dit ce matin qu'elle avait failli rendre l'âme. Ce sont les galettes, auxquelles elle ne peut résister, qui causent tous ses maux. Aussi, elle est forcée le lendemain de ne rien avaler de toute la journée que l'air qu'on respire.

J'ai été rôder aux environs avec la petite fille, et j'ai trouvé des violettes pâles qui ont l'air triste. Aux approches de l'hiver, on voit paraître dans les montagnes une foule de pauvres fleurs, et les mousses deviennent éblouissantes.

La journée s'est passée comme hier; mais madame de Coigny va bien. Le soir, nous avons lu très longtemps; madame de Coigny m'a appris à lire haut, très clairement et sans me fatiguer. Elle lit parfaitement, ne tousse pas et ne s'ennuie jamais de rien. Elle me dit que s'ennuyer est quelque chose de méprisable, et cependant ce sont les gens les plus ennuyeux qui s'ennuient le moins d'eux-mêmes. Demain, nous dînons chez madame de T...

Notre dîner d'hier a été très-gai; madame de T... mangeait dans son lit, ou plutôt elle grignotait; son mari a été fort étonné de mon appétit, car il prétend que je ne devrais me nourrir que de rosée, et il ne voulait pas me donner du mouton. Après dîner, j'ai chanté une ballade écossaise qui a ravi madame de T... Elle m'a embrassée et appelée son petit ange. Et puis, nous avons joué au whist, où j'ai gagné quatre francs, ce qui est énorme. M. de Chavanat n'était pas content, car c'est lui qui joue le mieux; mais le hasard, Dieu merci, n'est pas toujours pour ceux-là. Ensuite, on a fait des rébus, choses de la famille des calembours, famille que madame de Coigny aime et où elle excelle.

Hier, j'ai mis en ordre tous mes effets et aidé madame de Coigny dans tous ses paquets. Sa soubrette est bête comme un dindon. Madame de Coigny a reçu une nouvelle lettre de M. Greffulhe et une de madame de Laval, qui lui annonce qu'elle a un charmant petit vaisseau en ivoire qu'elle garde pour moi, si bonne Anglaise, et qui suis née presque dans la mer. Avant dîner, nous avons vu arriver le major, venu tout exprès de Nancy pour nous dire adieu. Cela est trop galant et assez ennuyeux. Il a fermé toutes les malles, car l'esclave mâle de madame de Coigny est aussi peu intelligent que sa suivante : ce sont des Parisiens qui n'avaient pas même été jusqu'à Saint-Cloud.

Le major, en venant jouir de nos derniers soupirs, a beaucoup gâté nos derniers moments, car il nous a suivies jusqu'à l'arbre de Fanny et auprès de la croix de nos regrets, ce qui nous a bien contrariées. Nous n'avons pas voulu pleurer devant lui. Madame de Coigny pense qu'il m'aime, et cela m'est parfaitement égal ; il a dîné ici et est reparti après nous avoir embrassées d'une manière si terrible que j'en tremble encore.

Enfin, nous partirons demain. Adieu, Plombières ! je ne vous reverrai sans doute jamais ! Tout devient cher, tout devient triste avec cette pensée-là ! Mon cœur est très gros et madame de Coigny est aussi désolée que moi.

Nous sommes parties de Plombières hier à dix heures du matin du matin, après avoir été à la messe et avoir déjeuné. J'ai dit adieu à la petite fille à laquelle j'ai laissé mes vieilles robes ; j'ai également dit adieu aux serins et au pauvre merle ! Toute la maison pleurait en nous voyant partir, et tous nos voisins sont venus nous dire adieu. Le postillon faisait claquer son fouet en montant la montagne au pas, et nous regardions tristement toutes nos promenades, tous les chemins perdus où nous avons tant marché.

LETTRES D'UN PROVENÇAL

NOTICE

Ces lettres écrites en 1821 ont été insérées dans le *Mémorial de l'Industrie* T. VI, VII et VIII in-8°; elles ne sont point d'un Provençal, comme le titre pourrait le faire croire, mais d'un Vosgien qui voulait en déguiser l'origine. M. Ch. Charton, dont c'était sans doute le début devant le public, en est l'auteur, suivant M. Richard, son ami, et il est facile de voir qu'elles ne peuvent être sorties que de la plume d'un Vosgien. L'intérêt se trouve dans la peinture de mœurs disparues et dans la comparaison à faire entre le passé et le présent à soixante ans de distance.

PREMIÈRE LETTRE

Epinal, 15 avril 1821.

Depuis longtemps j'entendais parler des Vosges comme d'un pays où la civilisation n'avait pas encore pénétré. Les Vosgiens, me disait-on, sont plongés dans les ténèbres d'une ignorance profonde; on est loin de trouver chez eux le brillant caractère de la nation française, et leurs mœurs sont aussi sauvages que les montagnes qu'ils habitent. Je m'étonnais que dans notre siècle il existât en France une contrée dont les habitants ne connussent point encore les bienfaits de la civilisation. Je voulus m'assurer par moi-même de la vérité, et je quittai le beau climat de la Provence pour visiter les froides régions des Vosges.

Avant de vous faire part de mes observations sur les mœurs des habitants de cette contrée, je dois vous faire la description d'Epinal, chef-lieu du département, qui tire son nom des montagnes dont il est couvert. Cette ville compte huit mille habitants; elle est construite au pied de montagnes peu élevées, et entourées de forêts. La Moselle la traverse et la divise en trois parties : Sa fondation remonte au Xe siècle ; elle faisait partie de la Lorraine, et ses fortifications l'avaient rendue une des principales places de cette province. De fortes murailles, flanquées de tours, l'environnaient ; de là vient qu'autrefois on l'appelait *la ville au cent tours*. Ces remparts ont été démolis, et l'on n'en voit plus aujourd'hui que quelques restes.

Ce qui rendait surtout cette ville puissante, c'était un château-fort, bâti sur une hauteur qui domine Epinal. Ce château, qui, avant l'invention de la poudre, passait pour imprenable, a été très souvent assiégé. Quelques débris, conservés avec soin, donnent encore une idée de sa force. Le propriétaire, M. Doublat, l'un des plus riches habitants du pays, a embelli des lieux qui, naguère, étaient dans l'état le plus sauvage ; il a fertilisé une terre inculte, et, unissant l'agréable à l'utile, il a achevé son ouvrage, en créant une promenade qu'il laisse ouverte au public. La jeunesse de la végétation contraste puissamment avec l'antiquité des constructions. La vue des débris de cette forteresse me rappelait ces siècles qui ne sont célèbres que par les guerres funestes des grands vassaux contre le souverain. Je contemplais les paysages qui se dessinaient de tous côtés à mes yeux ; je suivais le cours de la Moselle, dont les eaux sont si claires et si limpides, et je le perdais à travers les vallons. Je portais mes regards sur ces bois antiques, principales richesses de la contrée, et les arrêtant sur la campagne, je voyais le peu de terres que les forêts ne couvrent pas sillonnées par la charrue. J'aurais voulu être habitant d'Epinal pour venir souvent me promener sur les débris du vieux château.

Le voyageur ne doit point espérer de trouver dans Epinal de pompeux monuments. Dans sa construction, Epinal rappelle ces temps reculés où, dans nos pays, le mauvais goût présidait aux productions de l'art. Point de régularité dans les rues, peu de luxe dans les maisons, qui sont presque toutes aussi anciennes que la ville.

L'église paroissiale, construite dans le style *gothique*, et dont l'extérieur n'offre aucune masse régulière, était autrefois ornée de statues, qui ont été renversées par la Révolution. Cette église fut bâtie en 970 par un évêque de Metz qui y transféra les reliques d'un de ses prédécesseurs, saint Goëry, dont l'intercession est souvent invoquée par les cultivateurs. Les restes de ce saint sont déposés dans une châsse que l'on descend avec une grande solennité, quand les produits de la terre réclament ou la pluie ou le beau temps. Les laboureurs font célébrer, à cette occasion, une messe, ou ils prient avec la foi la plus vive. Cette église, sombre, humide et malsaine, ne renferme aucun tableau sorti des ateliers de nos grands maîtres.

Epinal possédait plusieurs couvents et un chapitre de chanoinesses, l'un des quatre chapitres nobles de Lorraine. Les couvents étaient occupés par des religieux de différents ordres, par des minimes et par des capucins. L'un d'eux a fait place au palais-de-justice et aux prisons ; un autre a été transformé en maisons de particuliers. Celui de l'Annonciade tombe en ruines ; mais il doit être démoli, et sur son emplacement, s'élèveraient les bâtiments de la préfecture [1].

---

[1] L'hôtel de la préfecture, qui occupait alors l'établissement des jésuites, est devenu le collège en 1829, et un marché couvert a remplacé l'annonciade.

Le couvent des capucins a été remplacé par l'hôpital civil. Cet asile de l'infortune est situé sur une hauteur au midi de la ville et à une de ses extrémités : il est vaste et bâti avec solidité ; la salubrité est un de ses premiers avantages ; un jardin étendu y est attaché; et c'est là que le malade va essayer ses forces renaissantes, contempler les vues pittoresques qui l'environnent et respirer l'air le plus pur.

L'hôtel de la préfecture n'offre rien de remarquable. C'est un bâtiment que les jésuites avaient fait construire et où ils avaient placé un collège. Le portail de l'église de cet ancien collège est magnifique ; son architecture et les sculptures qui le décorent font assez connaître quelles étaient les richesses de ce corps religieux (¹).

La salle de spectacle, peu spacieuse, mais proportionnée à la population de la ville, est assez jolie. Je remarquai les casernes, qui, par leur position et par la manière dont elles sont construites, peuvent être mises au rang des belles casernes du royaume.

Les environs d'Epinal présentent de toutes parts des promenades agréables et variées. Celle du *Cours* est une vaste prairie, située hors de la ville, plantée de tilleuls et de peupliers, et dont un des côtés est arrosé par la Moselle. La plupart de ces arbres sont fort anciens; ils ont, m'a-t-on dit, été plantés le jour même où Henri IV expirait sous le poignard de Ravaillac.

---

(1) Ils avaient établi une imprimerie d'images religieuses dont nous avons vu jadis à Epinal un beau spécimen.

DEUXIÈME LETTRE

Epinal, 10 mai 1821.

Les mœurs des Spinaliens ont cette aménité qui semble seulement réservée à la nation française. La franchise et la loyauté forment la base de leur caractère ; ils sont affables, surtout envers les étrangers, portés à obliger, sans être néanmoins guidés par un avide intérêt ; religieux sans superstition, attachés à leur pays, et amis de la gaîté et de la nouveauté. Chez eux, aucun de ces vices qui avilissent l'espèce humaine ne se signale par des excès ; chez eux on ne voit que très rarement, pour ne pas dire jamais, des crimes commis par la haine, la vengeance ou la cupidité. Leur modération est telle que, dans les tourmentes politiques, dans les événements désastreux, Epinal n'a été témoin d'aucune action que l'humanité ait à déplorer ; à peine la tranquillité de cette ville a-t-elle été troublée.

Le goût des sociétés est un des goûts favoris des Spinaliens. J'ai été souvent reçu dans leurs réunions, et j'y ai toujours trouvé cette urbanité qui en fait le charme.

Le costume des habitants est français ; celui des hommes est simple. On voit cependant ici, comme dans toutes les villes un peu considérables, des élégants qui ont une prédilection pour les modes parisiennes. Les femmes (et on en sait la raison) sont généralement plus recherchées dans leur mise. On s'en aperçoit surtout dans les bals, que la passion de la danse fait renouveler souvent à Epinal ; c'est là que leur parure est dans tout son éclat.

Chacune des provinces de France a son accent et son idiome. Les Gascons, par exemple, parlent avec une extrême volubilité ; les Normands, au contraire, avec beaucoup de lenteur ; les habitants de la Franche-Comté chantent en parlant ; ceux des Vosges ont la prononciation un peu lente. Ils ont deux expressions favorites ; l'une, qu'ils emploient pour marquer leur mauvaise humeur, c'est le mot *de* ; l'autre leur sert d'interrogation, c'est le mot *neum*. On reconnaît, m'a-t-on dit, les Vosgiens par ces deux expressions.

La langue française, la plus difficile, selon moi, de toutes les langues, ne se parle pas à Epinal avec bien de la pureté. On emploie souvent dans la société des constructions de phrases très vicieuses. Dans la classe moyenne des habitants, on se sert assez communément du patois des campagnes, sans doute à cause des relations fréquentes que les Spinaliens ont avec les paysans. Je me suis amusé à traduire en cet idiome un passage d'un ouvrage qui est sorti de la plume d'un Vosgien, M. André, et qui est intitulé : *Musée de la Jeunesse*. Vous voyez que les lettres sont aussi cultivées dans les Vosges ; j'aurai occasion d'en parler plus tard.

On trouve à Epinal quelques coutumes singulières et qui doivent leur institution à des temps moins éclairés. Je citerai entre autres les *Brandons* et les *Champs-Golot*.

Le jour des *Brandons* étant arrivé (c'est ordinairement le premier dimanche de mars), des feux, que l'on nomme *Bures*, sont allumés sur divers points de la ville, lorsque la nuit arrive. La jeunesse des deux sexes accourt en foule auprès de ces feux ; les amants surtout y viennent avec empressement, pleins d'espérance et de joie; depuis longtemps ils attendaient cet heureux jour. Tous forment un cercle qui environne la *Bure*. Alors on appelle à haute voix les *Valentins* et les *Valentines*; sous ce nom on désigne les couples que l'amour a formés. Ils viennent tourner plusieurs fois autour du feu; ensuite, un baiser de la Valentine récompense son conducteur, et l'un et l'autre sont couverts d'applaudissements. Ce n'est pas tout : obligé de payer l'honneur qu'il a reçu, le Valentin doit, dans la semaine, faire un cadeau à sa dame ; c'est ce qu'on appelle *rachat*. Malheur à lui, s'il ne s'acquitte pas de cette dette sacrée ! Il est accusé d'infidélité, en butte aux plaisanteries amères, et, pour consommer sa honte, le dimanche suivant, il est publiquement condamné au feu avec son innocente amie. Heureusement que cette sentence rigoureuse n'est jamais exécutée ; s'il en était autrement, on verrait bien souvent des amants brûlés à Epinal. Le même jour, les habitants d'Epinal se rendent sur une des collines qui environnent la ville, et où se fait remarquer une roche d'une immense étendue. C'est sur cette roche que les jeunes gens se livrent à la danse (1), et passent une soirée dans les jeux et les plaisirs.

Les *Champs-Golot* présentent encore plus de singularité que les *Brandons*. A peine la nuit est-elle arrivée que les larges ruisseaux de la rue de l'Hôtel-de-Ville charrient de nombreuses chandelles allumées sur de légères planches. On accourt de toutes les parties de la ville pour voir ce spectacle. Ces petits bateaux

---

(1) Sur la pierre *danserosse*, qui est près de l'ermitage St-Antoine.

enflammés sont conduits par des enfants qui chantent sans cesse ce couplet :

> Les champs golot,
> Les lours relot ;
> Pâques revient,
> C'est un grand bien
> Pour les chats et pour les chiens,
> Et les gens tout aussi bien.

Vous ne comprendrez peut-être pas les deux premiers vers. Ils sont écrits dans un vieux patois qui n'est plus guère connu dans le pays. Aussi ai-je eu bien de la peine à me les faire expliquer. Ils signifient : *les champs coulent, les veillées s'en vont.* Ce spectacle bizarre, qui se donne le jeudi-saint, annonce le retour du printemps, l'accroissement des jours, la fin des veillées ; on éteint dans l'eau les chandelles qui ont éclairé l'ouvrier pendant les longues soirées de l'hiver. Il annonce aussi que le carême touche à sa fin, que l'on va reprendre l'usage des viandes ; de là le *grand bien* dont sont près de jouir les gens et les animaux domestiques que désigne la chanson. Jadis les artisans seuls allumaient les *champs golot,* mais, depuis quelque temps, tous les habitants ont voulu participer à la coutume.

Il n'est peut-être pas de ville qui fête plus le poisson d'avril qu'Epinal. Il est vrai que ce poisson est né dans la Lorraine ; c'est du moins ce qu'en a écrit un auteur du siècle dernier, qui s'est fondé sur l'anecdote suivante :

« Sous le règne de Louis XIII, le prince François de Lorraine et son épouse étaient renfermés dans le château de Nancy, sous la garde de troupes françaises et devaient être conduits à Paris. Ce dessein les effraya; ils résolurent de s'évader, mais cette résolution n'était pas facile à exécuter. Gardés tous deux à vue, il leur fallait user de beaucoup de finesse pour tromper leurs surveillants. D'ailleurs, en s'échappant du château, ils avaient à craindre d'être reconnus aux portes occupées par les Français. Toutes ces difficultés disparurent aux yeux des époux. La princesse sortit le 31 mars du palais de Nancy; déguisée en page, elle portait un flambeau devant le comte de Gournai. Ce seigneur, pour mieux tromper la garde, affecta de maltraiter plusieurs fois le faux page. Le prince François avait pris les devants, à la faveur d'un autre travestissement et attendait la princesse chez Beaulieu, un de ses gentilshommes; c'est là qu'ils passèrent la nuit. Le lendemain 1er avril, il sortirent de la ville par la porte Notre-Dame, déguisés en paysans portant chacun une hotte sur leurs épaules ; après une heure de marche; ils joignirent le carrosse de Beaulieu qui les attendait, et prirent la route de Besançon. (¹) »

C'est à cette fuite que l'écrivain attribue l'origine du poisson d'avril. Quoi qu'il en soit, le 1er de ce mois est ici consacré aux mystifications de toute espèce: fausses nouvelles, fausses joies, fausses alarmes, rien n'est oublié. Chacun cherche à faire des dupes ; chacun se tient sur ses gardes, et, malgré toutes les précautions, il en est peu qui ne soient trompés.

---

(1) Il faut ajouter à cette anecdote incomplète, puisqu'elle n'explique pas l'origine du poisson d'avril, la tradition suivante, que le prince échappa le 1er avril à ses geôliers, en traversant la Meurthe à la nage, ce qui fit dire aux Lorrains qu'on avait donné aux Français un poisson à garder. L'origine du poisson d'avril est beaucoup plus ancienne.

TROISIÈME LETTRE

Epinal, 15 juillet 1821.

Le culte des lettres et des beaux-arts n'est pas négligé dans les Vosges. L'aspect des montagnes escarpées, des vastes forêts qui les couvrent, des torrents qui s'en échappent, du vallon qu'elles forment, doit inspirer plus d'un chant au poète et fournir au peintre plus d'un tableau. Aussi le département a-t-il compté parmi ses habitants des hommes qui se sont fait un nom dans la carrière des lettres et dans celle des beaux-arts.

C'est au pied de ses montagnes, à Fontenoy-le-Château, qu'est né le poète Gilbert, non moins célèbre par son infortune que par son génie [1]. C'est encore dans les Vosges qu'a reçu le jour M. François de Neufchâteau, dont les nombreuses productions attestent autant son talent que son amour pour le bien public ; un de ses premiers ouvrages a été consacré à la louange de son pays natal, et ses concitoyens ont reçu avec reconnaissance son *Poême des Vosges.*

C'est surtout à Epinal que l'on trouve des amis des lettres. On m'a cité M. Pellet comme tenant le premier rang parmi eux. Avocat non moins éloquent qu'empressé à défendre de malheureux clients, M. Pellet se délasse des travaux pénibles du barreau par la culture de la poésie. On peut dire de lui que le ciel l'a formé poète en naissant. Des odes, des élégies, des dithyrambes lui ont marqué une place au Parnasse : imagination ardente, style majestueux, idées neuves

---

[1] *Génie* est bien exagéré, et l'*infortune* est une légende royaliste.

et hardies, voilà ce qu'on remarque dans toutes ses poésies. Sa trop grande modestie l'a empêché jusqu'à présent de les livrer au jour. Une seule de ses odes a été publiée ; elle a pour objet : *Les Vicissitudes des empires*. Du premier vers au dernier, cette ode est noble, grande et pleine d'enthousiasme poétique.

M. Pellet a fait jouer, il y a quelque mois, sur le théâtre de Nancy, une tragédie dont le plan, les pensées et le style ont réuni tous les suffrages. Plusieurs de ses concitoyens, désirant lui témoigner leur estime, sont allés assister à son triomphe.

On m'a parlé aussi de M. Piers, auteur comique, qui a fait représenter plusieurs pièces sur le théâtre d'Epinal. Toutes ont fait voir que M. Piers a une grande connaissance du cœur humain ; toutes portaient en elles ce caractère de morale qui s'attache aux bonnes comédies. Leur représentation a toujours attiré au théâtre une foule d'habitants : c'est assez faire leur éloge.

Enfin, l'on m'a parlé d'un jeune homme qui, à l'âge de seize ans, a fait jouer une comédie sur le même théâtre. Ses concitoyens ont vu avec indulgence cette pièce, fruit trop précoce pour mériter les honneurs de la représentation. M. Charton est aussi auteur de quelques poëmes inédits.

Le fameux paysagiste Claude Gelée, surnommé le Lorrain, dont les tableaux sont toujours admirés, est né à Chamagne. Epinal a donné naissance à M. Laurent, peintre distingué de la capitale. Ses tableaux sont vus avec plaisir au salon du Louvre, et le gouvernement a acquis, l'an dernier, celui de Jeanne d'Arc, ouvrage remarquable par le fini de toutes les parties, et qui a été placé dans la chambre même où est née cette héroïne.

Epinal a vu naître un autre artiste, qui paraît devoir acquérir une grande célébrité dans l'art de reproduire la nature champêtre : c'est de M. Dutac que je veux parler ; ce jeune peintre a déjà exposé plusieurs de ses tableaux au Louvre ; ils ont mérité de fixer l'attention des spectateurs. Ce qui honore principalement M. Dutac, c'est qu'il emploie ses pinceaux à reproduire les bords riants de la Moselle, les sites les plus pittoresques de son pays natal ; ceux de ses tableaux qui représentent ces objets ne sont pas les moins recherchés. On dirait qu'ils sont animés de l'amour de la patrie. C'est ainsi que M. Dutac acquiert de justes titres à l'estime et à la reconnaissance de ses compatriotes [1].

La musique est surtout l'idole des jeunes gens d'Epinal. On trouve des musiciens dans toutes les classes de la société ; j'en ai été surpris. Un de leurs plus doux délassements est de se réunir pour exécuter les compositions des grands maîtres français. Cette passion pour un des arts les plus agréables a produit ici des compositeurs qui ont fait preuve d'un véritable talent.

La commission des antiquités du département des Vosges fait travailler, depuis quelques jours, à la découverte d'une ancienne étuve romaine existant à Lamerey. En faisant des fouilles, on a trouvé plus de mille médailles romaines, frappées sous les derniers empereurs de Rome. Ces médailles sont toutes en argent et très bien conservées ; elles sont destinées à enrichir la bibliothèque d'Epinal.

---

[1] M. Colin, propriétaire et directeur de la marbrerie d'Epinal, possède une belle collection des tableaux de Dutac.

QUATRIÈME LETTRE

Epinal, 28 août 1821.

Il existe, à quatre lieues d'Épinal, une cascade, œuvre de la nature seule, et qu'un grand nombre de curieux vont admirer chaque année. C'est la *Cascade de Tendon*, que les habiles pinceaux de M. Dutac ont reproduite dans un tableau exposé au Louvre, il y a quelques années.

Deux chemins conduisent d'Epinal à Tendon : l'un traverse les forêts et les montagnes sur la rive droite de la Moselle, et l'autre suit, jusqu'à quelque distance de ce village, la belle route de Remiremont, qui longe le rivage opposé. Je pris ce dernier chemin, et j'eus lieu de m'en applaudir. Je vis sur ma route les papeteries renommées d'Arches et d'Archettes, où se fabriquent ces papiers que l'on nomme *des Vosges*, et qui semblent spécialement destinés aux productions du plus haut intérêt ; tel est, par exemple, le célèbre ouvrage de la *Description de l'Egypte*, dont la première édition a été entièrement imprimée sur du papier de ces fabriques.

Arches, situé sur les bords de la Moselle, autrefois ville assez importante, n'est plus maintenant qu'un village qui compte encore 1,200 habitants. C'est à Arches que se sont quelquefois réfugiés les ducs de Lorraine, lorsque, malheureux dans les guerres qu'ils soutenaient contre les princes voisins, ils étaient obligés d'abandonner la capitale de leurs Etats. On ne voit plus, à l'ouest du village et sur une colline, que quelques débris du château qui leur servait d'asile.

On remarque, près d'Arches, deux rochers qui s'élèvent au milieu de la Moselle et la resserrent entre leurs flancs. On pourrait franchir cette rivière en sautant d'un de ces rochers sur l'autre. Mais, malheur à celui dont un élan maladroit aurait entraîné la chûte ! En vain s'épuiserait-il en efforts pour reparaître au-dessus des eaux ; les abîmes profonds que la Moselle a creusés sous ces rochers lui serviraient de tombeau. Ce lieu est nommé le *Brot*.

En continuant la route, après avoir traversé la rivière, on aperçoit, dans une vallée étendue, le village de Docelles. Il est traversé par les eaux de la Vologne, ruisseau considérable, qui, à plusieurs époques, a roulé des perles précieuses. Ce village possède trois papeteries, dont les produits jouissent d'une juste estime. C'est dans cette partie des Vosges qu'existait le plus grand nombre de manufactures de ce genre qui dépendent du département. Sans doute les belles eaux de la Moselle et des ruisseaux qui s'y jettent de toutes parts ont fixé sur leurs rives l'industrie des papetiers.

De Docelles à Tendon, le chemin, auparavant facile, devient rude et pénible. On traverse, avant d'arriver à ce dernier village, une forêt de hêtres, qui prête un ombrage frais au voyageur fatigué de la chaleur du jour. A l'issue de cette forêt et dans une vaste prairie, les yeux découvrent Tendon. Ses modestes maisons sont toutes disséminées ; quelques-unes seulement environnent l'église, édifice moderne, situé sur une élévation et assez spacieux pour contenir les fidèles des trois villages qui forment sa circonscription. La cascade en est encore assez éloignée ; la route qui y conduit devient toujours plus difficile à mesure que l'on avance. Elle passe entre des montagnes de différentes formes ; tantôt elles représentent des globes bien arrondis, et tantôt des pyramides ; ici elles sont couvertes de forêts ; là, elles n'offrent que d'arides rochers amoncelés les uns sur les autres. Le voyageur est étonné de trouver de temps en temps parmi ces rochers des terrains cultivés. Il ne peut s'empêcher d'arrêter ses regards sur une chûte d'eau qui semble le préparer à un spectacle plus digne d'attention. L'eau de cette cascade s'échappe avec bruit et par deux canaux d'un énorme rocher placé dans un enfoncement. Ses flots argentés se répandent à travers les rochers et les arbres, et coulent dans une vallée qu'ils fertilisent.

Après quelques instants de cette contemplation, l'œil se porte sur une montagne voisine, qui se distingue par le mélange de hêtres et de sapins. C'est là que se trouve la *Cascade* de Tendon. Plein d'admiration, je contemplais le spectacle majestueux que la nature me présentait. Je vis s'élancer d'une hauteur de plus de cent pieds les eaux bouillonnantes de la cascade, tomber avec fracas de rocher en rocher, d'abord en flots abondants et ensuite comme une pluie légère, se réunir dans un bassin et former des ruisseaux qui serpentaient dans la prairie voisine. L'élévation de cette masse de rochers, le bruit de cette eau jaillissante qui, réfléchissant les rayons du soleil, devenait brillante de sa lumière, les arbres élevés dont elle était environnée, et qui contrastaient entre eux par la couleur de leur feuillage, la sérénité d'un temps favorable, les chants variés des oiseaux, la vue pittoresque qui s'offrait dans le lointain, tout concourait à rendre mes jouissances plus vives, tout me pénétrait d'étonnement et de respect pour les grands ouvrages créés par nature.

Il me reste maintenant à parler des habitants de ces lieux qui paraissent si sauvages et qu'un séjour de peu de durée fait mieux apprécier. Les montagnards de ces contrées, habitués à voir souvent de curieux citadins, ont moins de rudesse dans leurs mœurs que les habitants de ces montagnes escarpées, rarement visitées parce qu'elles n'ont à présenter à la curiosité que leur effrayante hauteur. L'étranger qui y est attiré y reçoit un accueil amical ; il est sûr de trouver des guides pour le diriger dans ses courses. Il n'est pas chez ces montagnards de brillantes fortunes ; leurs troupeaux seuls servent à assurer leur existence. La frugalité est un de leurs premiers biens : du pain de seigle, du laitage et de la viande séchée à la cheminée, sont les seuls mets qu'on aperçoive sur leurs tables ; quelquefois cependant on y remarque la truite, poisson délicieux qu'ils pêchent dans la Moselle et dans les ruisseaux qui baignent leurs prairies. Contents de leur sort, ils ne regrettent point d'être nés dans un pays peu fertile et n'ambitionnent point des richesses qui leur sont inutiles. L'instruction élémentaire est recherchée chez eux avec empressement : les parents s'imposent la loi de faire apprendre à lire et à écrire à leurs enfants ; et les ressources communales viennent au secours de ceux que l'indigence opprime, et qui ne peuvent acquitter la modique rétribution due à l'instituteur.

CINQUIÈME LETTRE

Bruyères, 20 septembre 1821.

En quittant la cascade de Tendon, je suivis la chaîne de montagnes des Vosges, et arrivé sur une de leurs sommités, je découvris un vaste bassin où de nombreux villages se montrèrent à mes yeux. A l'une de ses extrémités, la petite ville de Bruyères paraissait entre deux monts arides, et dominait sur ces toits rustiques. De profondes vallées coupaient de distance en distance l'enceinte du bassin ; sur les collines, je remarquais ou des forêts de hêtres et de sapins, ou des sables stériles ou des masses de rochers qui présentaient l'aspect de débris d'antiques manoirs ; au loin les montagnes s'élevaient en amphithéâtre, et quelques-unes semblaient se perdre dans les nues.

Je visitai, avant d'entrer à Bruyères, les villages disséminés dans le bassin. Je m'arrêtai au hameau de Laval, qui possède une papeterie que les eaux de la Vologne font mouvoir. Dans ce hameau réside le meunier Gérardot qui, suivant les inspirations du génie, a créé une sphère mécanique où il a représenté le mouvement des astres. Cette ingénieuse machine, reconnue digne de fixer l'attention publique, a été envoyée à Paris, pour être réunie aux productions remarquables des arts français. Près de Laval, se trouve l'ancien village de Champ, où les annales du pays rapportent que le premier roi de France qui ait revêtu la pourpre impériale s'était fait construire une maison de campagne. Rien n'indique aujourd'hui la place où elle était située.

Charlemagne venait quelquefois chasser le gibier dans ces contrées ; mais alors des forêts épaisses couvraient les monts des Vosges, au lieu que maintenant ils sont en grande partie dépouillés de leur plus bel ornement. Charlemagne a fait bâtir à Champ une église dont il ne reste plus que le chœur ; l'autre partie, tombée de vétusté, a été reconstruite depuis. Je vis sur le chapiteau d'une des colonnes qui avoisinent l'autel une sculpture antique représentant deux guerriers montés sur des chevaux, et se donnant la main en signe d'amitié. La tradition prétend que de ces deux guerriers, l'un est Charlemagne, et l'autre Charles son fils, qui le rencontra en ces lieux, en revenant de combattre les Slaves et les Bohêmes et que, pour perpétuer le souvenir de cette rencontre, ils firent sculpter les figures dont je viens de parler. Je remarquai dans le fond de l'église, derrière l'autel, une pierre où étaient gravés des caractères qu'il me fut impossible de lire. Un antiquaire du pays s'occupe de recherches sur cet ancien édifice et parviendra peut-être à expliquer cette inscription, qui ne doit pas manquer d'intérêt.

Un chemin facile me conduisit de Champ à Bruyères. Cette ville renferme une population de deux mille âmes et n'a pour ainsi dire qu'une seule rue, d'une largeur assez grande, mais mal construite. Ses habitants, quoique vivant au milieu des montagnes, sont loin d'avoir des mœurs rudes et sauvages ; leur caractère est, comme celui des autres Vosgiens, porté à la douceur et à la tranquillité. Ici le luxe n'a pas encore établi son empire, et la simplicité a trouvé un asile assuré dans ces montagnes.

Trop retirée dans les Vosges, la ville de Bruyères ne peut jouir de tous les bienfaits du commerce ; on ne voit guère sur ses foires que les productions du pays. L'industrie n'y fait pas non plus de progrès marquants ; il n'y existe point de fabriques, de manufactures importantes, et quelques artisans pourvoient aux besoins des habitants.

Bruyères n'offre aucun monument qui puisse attirer les regards ; seulement l'amateur d'antiquités ira visiter les ruines d'un château, élevé sur une colline qui touche à la ville. Autrefois fortifié, Bruyères était une place assez considérable, mais ses remparts on été rasés et l'on n'en voit plus de traces. Les fastes de la Lorraine rapportent un acte de dévouement dont cette ville a été jadis témoin, et qui me paraît trop beau pour ne pas être consigné ici.

En 1476, la province était envahie par les Bourguignons. René II, duc de Lorraine, malheureux dans les batailles qu'il avait livrées à Charles le Téméraire, avait été obligé d'abandonner ses états. Il était à Strasbourg s'occupant des moyens d'y rentrer, lorsqu'un bourgeois de Bruyères, le brave Varin Doron, vient lui offrir son secours. Il lui demanda une centaine d'hommes et lui promit de le rendre maître de Bruyères, avec cette poignée de monde. René les lui accorda ; et Doron, n'écoutant que son amour pour son prince et pour sa patrie, courbée sous le joug d'un insolent vainqueur, tenta cette périlleuse entreprise. Il parvint à faire entrer de nuit sa troupe dans sa maison, devant laquelle le gouverneur avait coutume de passer tous les jours. Dès le lendemain, il s'empara de cet officier, et à la tête des soldats de René, il marcha droit au château. La garnison n'opposa aucune résistance ; elle se rendit, et la ville rentra sous les lois du duc de Lorraine. René voulut récompenser cette belle action ; il offrit la noblesse à Doron ; mais ce Lorrain généreux la refusa et se contenta de lui demander la place de *sergent héréditaire de la justice d'Arches ne voulant sinon que ce pour lui et les siens*. Ce dernier trait, non moins remarquable que l'autre, accrut pour Doron l'estime de ses concitoyens.

Bruyères est la patrie d'un homme dont les écrits ont pendant quelque temps occupé le monde politique, M. l'abbé Georgel, auteur des *Mémoires pour servir à l'histoire des évènements de la fin du dix-huitième siècle*. Né de parents peu fortunés, M. Georgel reçut néanmoins une éducation soignée. Il entra dans l'ordre des jésuites ; et autant par reconnaissance que par esprit de corps, il consacra une partie de ses mémoires à la défense de cette société célèbre, qui a trouvé tant de partisans et tant d'antagonistes. Ses connaissances étaient, disait-on, fort étendues ; il n'était pas plus étranger à la diplomatie qu'aux lettres et aux sciences. C'est à ses talents qu'il a dû une brillante fortune et des emplois importants. Lorsque le cardinal Louis de Rohan fut nommé ambassadeur de France à Vienne, M. Georgel remplit les fonctions de secrétaire d'ambassade ; et, après le cardinal, il resta seul chargé des affaires jusqu'à la nomination du nouvel ambassadeur. Il fut reçu d'une manière distinguée par l'impératrice Marie-Thérèse et son fils Joseph II et par le prince de Kaunitz, premier ministre : il avait été recommandé à ces illustres personnages par la célèbre Mme Geoffrin, qui s'était, disait-elle, proposé de faire l'éducation de l'abbé Georgel, et qui le mit en relation avec ce que le clergé, la noblesse, la magistrature avaient de plus élevé. L'abbé Georgel, par sa gestion, mérita les éloges du ministère français. Toujours attaché au prince de Rohan, qui lui avait donné sa confiance, il devint son grand-vicaire lorsque ce prince fut nommé grand-aumônier de France et évêque de Strasbourg. Il donna au cardinal une grande preuve de dévouement à l'époque du fameux procès du collier, qui a retenti dans toute l'Europe. Il s'attira par là la haine du baron de Breteuil, ennemi du prince, et qui, au moyen d'une lettre de cachet, exila l'abbé Georgel dans sa ville natale, où il resta jusqu'au moment où la révolution française éclata.

A cette époque il se retira à Fribourg en Brisgau, où il commença ses mémoires que son neveu a publiés. Quelques années après, lors de la prise de Malte, il reparut sur le théâtre des affaires et fut adjoint à la députation envoyée à Saint-Pétersbourg, par le grand-prieuré d'Allemagne pour offrir l'hommage de son obéissance à Paul I, empereur de Russie, qui avait accepté la grande maîtrise de l'ordre de Malte. M. Georgel fut, à cette occasion, agrégé à cet ordre, dont il porta la croix.

De retour en France, sous le régime impérial, le ministre des cultes lui offrit un évêché qu'il refusa; mais n'ayant pu résister aux instances réitérées de M. d'Osmond, évêque de Nancy, il accepta la place de grand-vicaire de ce diocèse, pour le département des Vosges. C'est dans cette place qu'il est mort à Bruyères en 1813, à l'âge de 83 ans. Ses concitoyens l'ont honoré de leurs regrets; il avait mérité leur estime et leur attachement, et jamais ils ne parlent de lui qu'avec respect.

SIXIÈME LETTRE

Rambervillers, 6 novembre 1821.

Une distance de trois lieues sépare Bruyères de Rambervillers. Pour m'y rendre, je quittai les montagnes. J'aperçus d'assez loin les cinq clochers de l'église de cette petite ville, mais un seul toutefois renferme des cloches ; d'où cet espèce de calembourg, *Rambervillers a cinq clochers et quatre sans cloches*, qui se répète fort souvent et pourrait faire croire que la ville possède plus d'un carillon.

La ville me semblait environnée de bois, mais bientôt je reconnus que ses bois n'étaient que d'épaisses houblonnières et j'appris que le houblon est la principale branche de commerce des habitants qui sont presque tous propriétaires de houblonnières. Celui de Rambervillers est très estimé ; le climat et la fertilité du sol lui donnent un prix qu'augmentent encore les soins infatigables de ceux qui le cultivent. Il peut, assure-t-on, soutenir la concurrence avec le houblon d'Outre-Rhin, et l'emporte toujours sur celui de la Flandre. Sa réputation a passé chez l'étranger, et des négociants de l'Allemagne sont venus acheter une forte partie de la récolte de 1820.

Rambervillers est une ville moderne ; on y compte 5,000 habitants. Une inscription ancienne, écrite en vers et placée sur la porte d'entrée de l'Hôtel-de-Ville, m'apprit que le feu avait ruiné cette ville en 1557. La voici :

Maison de ville suys appelée
De ceste ville bien resnommée

Laquelle par accident de guerre
Fut comburée et mise en grande misère,
En l'an quinze cent cinquante-sept, et pour nombre
Le vingt-troisième de septembre;
Et pour le présent l'an octante-ung
Fut rebastie aux frais du commung.

Voici quel est l'*accident de guerre* qui a détruit Rambervillers. Au milieu du XVI° siècle, la Lorraine, ravagée par ses ennemis, avait été transformée en un vaste champ de bataille. Le baron Polvillers, gouverneur de Haguenau, qui avait déjà dévasté les contrées voisines, vint en 1557 se présenter, avec 12,000 hommes, devant Rambervillers et somma les habitants de lui livrer, dans le court délai de vingt-quatre heures, 20,000 livres de Lorraine, 300 chevaux et des vivres pour ses gens. Les bourgeois, révoltés de l'injustice et de l'énormité de cet impôt, ne pouvant d'ailleurs y satisfaire, exprimèrent à ce général un refus énergique et sortirent de la ville, emportant avec eux ce qu'ils avaient de plus précieux. Polvillers irrité entra avec ses soldats dans Rambervillers, qu'il livra au pillage et aux flammes et dans peu cette ville ne fut plus qu'un amas de ruines. La bienfaisance de Charles, cardinal de Lorraine et évêque de Metz, contribua beaucoup à sa reconstruction, mais la maison commune fut entièrement relevée aux frais des habitants.

Je trouvai à Rambervillers les mêmes mœurs et les mêmes usages qu'à Epinal et à Bruyères. Si je ne pus y admirer de grands et somptueux édifices, je vis du moins avec plaisir des bâtiments où une active industrie travaille sans relâche à la prospérité publique. Rambervillers possède une filature de coton à mécanique et une des trois faïenceries établies dans le département ; dans les environs, on remarque une papeterie, dont la plupart des produits s'exportent à l'étranger, et deux forges qui occupent cinquante ouvriers et que font mouvoir les eaux de la Mortagne. Le peuple, au surplus, y est très industrieux, et l'on y compte un grand nombre d'artisans.

Le territoire de Rambervillers et des villages environnants est un des plus fertiles. Le houblon qui s'y cultive lui doit en partie sa supériorité sur les autres houblons ; les céréales et le froment surtout s'y reproduisent en abondance ; la qualité du grain le fait rechercher sur les marchés.

Pendant mon séjour à Rambervillers, les habitants étaient occupés de l'établissement d'une école mutuelle. Les déclamations qui avaient retenti en France contre cette méthode d'instruire, si simple et si prompte à la fois, avaient un instant prévalu dans cette ville sur les raisonnements solides qui ont démontré l'excellence de la nouvelle pratique sur l'ancienne routine. Mais l'erreur s'était dissipée. La ville venait d'envoyer à Paris un instituteur éclairé pour étudier, dans une école modèle, les principes de la nouvelle méthode, et dans peu elle aura ajouté une école de ce genre aux vingt autres que possède déjà le département, où l'instruction élémentaire paraît tous les jours faire plus de progrès.

PROMENADES DANS LES VOSGES

NOTICE

L'auteur de ces promenades (1), M. Edouard de Bazelaire, appartient à une ancienne et noble famille de la vallée de la Moselle, où elle a laissé des souvenirs qui ne s'effacent pas. Elle habite aujourd'hui les environs de Saint-Dié.

Nous prenons à l'ouvrage de M. de Bazelaire les extraits les plus intéressants.

Caractère du Vosgien.

Essayons de l'esquisser à grands traits, non tel qu'il se développe au sein des montagnes, chez celui qui n'a jamais quitté leurs sommets (là, nous le retrouverons plus tard avec toute sa rudesse et sa mâle énergie), mais tel qu'il est dans les lieux plus rapprochés du contact des hommes, façonnés par les relations sociales, sans qu'elles aient entièrement effacé le type, l'imagination vive, l'intelligence étendue, les passions actives, et cependant une sévérité de mœurs remarquable encore aujourd'hui ; jaloux de son indépendance, il se montre fier, susceptible, vindicatif, non pas querelleur, mais pardonnant rarement une injure, et capable de méditer longtemps la vengeance ; dans les transactions commerciales, il est défiant et rusé, puis ses belles qualités sont trop souvent ternies par un vice, l'excès des boissons d'autant plus dangereux qu'il arrive promptement à l'ivresse au moyen d'une liqueur exaspérante, l'eau-de-vie par laquelle il sup-

---

(1) *Promenades dans les Vosges*, souvenirs historiques et paysages par M. Edouard de BAZELAIRE sous les auspices de M. Ch. NODIER, accompagnés de 20 lithographies. Paris, Debécourt, 1828, in-folio.

plée au vin, que l'importation met à un prix trop élevé.

Le Vosgien aime passionnément son pays; le montagnard, loin du sol ingrat qui l'a vu naître, languit et meurt. Il est brave pour le défendre : on le vit, aux jours des humiliations de la France, fermer courageusement ses défilés à l'invasion étrangère, courir aux armes avec sa femme et ses filles, pour l'y accabler et l'y détruire. Ajoutons un dernier trait au tableau. Il est solidement religieux, mais tolérant, également éloigné de l'indifférence et de la superstition ; Montaigne a dit : c'est une bonne nation, sensée, libre, officieuse.

Raon-l'Etape.

Quand on arrive dans les Vosges en remontant le cours de la Meurthe, ce qui frappe tout d'abord c'est une transition subite du fade et monotone aspect des plaines aux paysages frais et pittoresques des montagnes.

La première station que l'on trouve, à quelques pas de la frontière, c'est la petite ville de Raon, assise au pied d'une côte sablonneuse où s'étendent les sèches bruyères, quelques nouvelles plantations de pins, et que sillonnent de profondes ravines creusées par les eaux des pluies.

Cette ville est le centre d'un commerce actif, l'intermédiaire obligé de la plaine et des montagnes, le lieu d'échanges de leur production réciproque ; aussi ce caractère industriel et mercantile est empreint sur sa physionomie, se trahit dans les allures et les mœurs de ses habitants, se lit au front de ses édifices modernes ; un seul fait exception, c'est l'église élégante, fraîche et clarteuse, mais insensible et muette, sans idée religieuse, sans pensée qui s'élève avec les colonnades, sans ces voix qui murmurent aux voûtes de nos vieilles églises.

Au XIII° siècle, on ne voyait, sur l'emplacement actuel de Raon, qu'une méchante taverne, gîte des voyageurs engagés dans les marais qui couvraient alors la vallée, car la route de Lorraine en Alsace ne la couvrait pas encore et passait par-delà la côte. Cette *tappa*, en vieux langage tudesque, dont le français a fait le mot étape, est restée le surnom de la ville qui, vers l'an 1279, vint se grouper à l'entour, sous le patronage de Ferri III, duc de Lorraine. Mais, dès longtemps et à une époque inconnue, le château de Beauregard s'élevait sur la côte qui domine Raon. Ce repaire fut détruit, en 1636, par ordre de Louis XIII, alors ennemi de la Lorraine, que ses armées ravagèrent et dont il fit raser tous les châteaux.

Au sortir de Raon, la route longe, en gravissant et et descendant la pente accidentée d'une côte, un col étroit qui donne accès à la vallée de Saint-Dié. A droite, une montagne, à demi-détachée de ses voisines, s'avance, comme ferait un promontoire, au-dessus des flots, et, si vous interrogez le laboureur, il vous nommera la côte de Repy, vous indiquera du doigt la pierre d'appel, amas de rochers qui en couronnent la tête; et, près de là, les ruines du château des Sarrazins, nom banal attaché par la tradition à un grand nombre de monuments d'une époque ignorée. Des fouilles récentes ont mis à nu des objets antiques et des débris de constructions, dans lesquelles on a cru voir les vestiges d'un camp romain. Au bas de la montagne, le joli village d'Etival se déploie d'une manière agreste, au revers d'un coteau que viennent baigner les flots de la Meurthe.

Vers l'an 674, un évêque de Toul, saint Leudin, brûlant de cette soif de solitude et de repos dont semblaient tourmentés les premiers siècles du christianisme, vint à Etival enfouir sa vie dans un cloître, entraînant après lui Salaberge, sa sœur, et de pieuses vierges, ses compagnes, auxquelles il bâtit un monastère non loin du sien ; mais cette proximité engendra plus tard des désordres, et le couvent de femmes fut supprimé au commencement du XI° siècle.

Etival.

Etival était une petite citadelle avec ses fossés, ses épaisses murailles et ses tours, dont on voit encore aujourd'hui des restes considérables.

Au milieu de l'enceinte des remparts et des restes des bâtiments abbatiaux s'élève l'église, beau vaisseau du X° ou peut-être mieux du XI° siècle, première époque de la renaissance de l'art, avec les gros piliers massifs, surmontés de chapiteaux à croissants, les voûtes lourdes et basses, les grossières sculptures et les fenêtres géminées du style roman. Deux choses étonnent en entrant et font d'abord douter de l'âge et du caractère de l'architecture ; ce sont de grands vitraux en ogive, ouverts dans le sanctuaire postérieurement à la construction de l'édifice, et des ornements en plâtre dont la voûte est revêtue jusqu'à la corniche. Ces moulures, assez délicates, autrefois relevées de peintures et de dorures, sont l'œuvre d'un moine d'Etival, Jean Frouard, vivant vers 1650 ; elles contrastent bizarrement avec le syle sévère et l'aspect antique de l'église. Le portail et la seule tour qui ait été achevée sont de 1700 et portent le cachet de la renaissance, l'union de l'art grec au gothique. Des colonnes coniques et corinthiennes forment les angles de chacun des quatre étages de la tour que surmonte une galerie et soutiennent un fronton où l'artiste avait représenté Richarde au milieu des flammes allumées par la jalousie de son époux. Ces sculptures ont entièrement disparu.

Le grand mérite des paysages des Vosges, c'est une infinie variété, une inépuisable richesse de détails, qui se montre partout ; ainsi, un village n'est pas une suite uniforme de toits liés ensemble, un assemblage confus de maisons jetées les unes sur les autres, sans air, sans espace; ici, chaque habitation, séparée de ses voisines, ressort d'une touffe de verdure, au milieu d'un pré où coule une source, et ces maisons, disséminées souvent dans un rayon d'une lieue, animent le paysage et rompent la monotonie des cultures. De même les prairies, loin d'être de longues plaines arides où les herbes jaunissent et se dessèchent bientôt, sont de jolies pelouses toujours humides, où les eaux fraîches et vivifiantes conservent une verdure éternelle, entrecoupées de massifs d'arbres et de haies vives. Outre la beauté du coup d'œil, ces innombrables petits ruisseaux, qui découpent les prairies, qui se fuient, se réunissent et se séparent encore, portant de tous côtés leurs eaux fécondes, ont un but utile, la fertilité du sol et l'abondance de la récolte des faucheurs, principale richesse des montagnes ; aussi l'agriculteur fait-il de l'irrigation des prairies son occupation première. L'art, au reste, en est simple, car, sans emploi de machines hydrauliques, il consiste uniquement à couper les canaux, d'écluses que l'on baisse, afin que l'eau monte, franchisse ses bords et se répande au loin ; et, comme un seul ruisseau doit arroser plusieurs héritages, chaque propriétaire a, pour lever et baisser ses écluses, une heure fixée par un traité, dont la violation engendre souvent des querelles et fait même quelquefois jaillir le sang.

Après deux heures de marche, la vallée se resserre à Saint-Dié ; puis s'élargissant de nouveau, court à l'orient et au sud vient mourir aux pieds des hautes montagnes à croupes échelonnées et onduleuses qui la ceignent en amphithéâtre.

Saint-Dié.

Dans un vallon resserré entre les pieds de deux montagnes, sur les rives de la Meurthe, voici St-Dié, élégante et jolie petite ville, avec ses quais, ses larges rues alignées, ses maisons uniformes. Devenue à plusieurs reprises la proie des flammes, presque tout entière en 1757, elle doit à Stanislas, qui la releva de ses ruines, cet aspect moderne et régulier, cette couleur de jeunesse en contraste avec l'ancienneté de son origine. Son berceau fut un monastère élevé au VIIe siècle par St-Déodat ou St-Dié, sur la hauteur où l'on voit aujourd'hui la cathédrale.

Delille vint abriter ses jours à l'ombre des montagnes qui déjà lui avaient donné sa compagne :

> Une voix chérie
> Prête à mes vers ses sons touchants ;
> Ce lieu charmant est sa patrie,
> Il a double droit à mes chants.

La maison à moitié rustique qu'il habita, la voilà encore avec ses frais ombrages, sa cascade et son souvenir ami. C'est ici que Delille traduisit le chef-d'œuvre de l'antiquité latine ; c'est d'ici qu'il adressait d'aimables vers aux jeunes filles de S¹-Dié, à l'occasion d'une fête que leur donnaient les jeunes gens....

A une très petite distance de S¹-Dié, un précieux monument appelle notre attention sur le joli village de S¹ᵉ-Marguerite, gracieusement assis au milieu de la vallée. Karl le Grand, passant par ces lieux à la tête de ses guerriers, courut risque de la vie en traversant la Meurthe, et, à peine échappé au péril, fit élever en témoignage de reconnaissance une église dont la tour est encore debout avec tous les caractères du style mérovingien, mais défigurée malheureusement par une flèche qui, au siècle dernier, a remplacé le couronnement et les frontons antiques.

Toute cette vallée de S¹ᵉ-Marguerite à S¹-Dié est dominée par une haute montagne à laquelle Déodat donna le nom d'Ormont. Au pan de sa croupe orientale se détache un joli mamelon couronné de bois ; c'est le Spitzemberg ou Mont-Aigu, autrefois surmonté d'un château très important, parce qu'il domine au loin et commande à la vallée. Placé là au défilé des monts, ainsi qu'une vedette en garde, sa position servait merveilleusement l'ambition des seigneurs qui, de ses tours, comme d'un nid d'aigle, planaient et s'abattaient comme sur leur proie. Il ne reste plus aujourd'hui du vieux donjon que quelques débris ignorés, des murs d'enceinte, des amas de pierres que la végétation étreint dans ses plis de verdure et qu'entourent les lianes sauvages, comme la jeunesse et la vétusté qui s'embrassent, le passé et l'avenir qui se joignent. Construit au Xe siècle, ce château fut cédé, dans le XIIIe, par un comte de Lunéville, aux ducs de Lorraine. Les sires de Mont-Aigu (Spitzemberg) avaient droit à de singulières redevances de la part de leurs vassaux : ainsi, un village devait une poêle d'une grosseur déterminée, une chaudière où l'on pût cuire un bœuf, et la moitié de la hache ou de la crôle ou pelle à feu ; un autre devait la moitié de la barre, de la serrure et de la clef de la porte du château, ainsi que la moitié de la corde et du sceau du puits ; un troisième devait les langes à la chambre de madame, et les habitants de Saint-Dié étaient obligés de les laver et de donner, en outre, un resal de fèves et trois sous au cellier. Il en était ainsi de tous les lieux environnants qui contribuaient à approvisionner le château.

Sur la pente opposée d'Ormont, à peu de distance du sommet, on rencontre trois roches, qui, par l'effet de quelque convulsion géologique, ont laissé, sous leurs blocs énormes, un antre assez étroit d'abord et qui va s'élargissant toujours à mesure que l'on avance dans ses cavités obscures. Cette noire caverne ne pouvait être, dans les croyances populaires, que la demeure de quelque ange des légions sataniques ; aussi quand, après les travaux du jour, le bûcheron redescend la montagne, il passe à la hâte et se signe en apercevant les *roches des fées...* Pour les environs de Saint-Dié, les roches des fées étaient le quartier général des armées diaboliques déchaînées sur la terre, le rendez-vous de tous les démons, de tous les follets du pays, depuis la vieille sorcière hargneuse et re-

frognée, entraînée dans la ronde par son attelage de
hiboux, jusqu'au lutin malicieux, dont les exploits
font pâlir les jeunes filles ; depuis la fée gracieuse et
bienfaisante jusqu'au vouivre hideux, dont la crainte
resserre le cercle tremblant des veillées ; aussi le chapitre se crut obligé de les purifier et on lit sur une
d'elles :

A. D. 1555

DIE 2 FEBR. J.-D. E. WILDESTEN

EXORCAVIT HUNC LAPIDEM

Le 2 febvrier de l'an du Seigneur 1555, Jean-Dominique-Etienne Wildestein (vicaire du chapitre) a exorcisé cette pierre.

**Moyenmoutier. — Senones. — La Meix. —
Celles.**

En quittant Saint-Dié, nous suivons un sentier qui
monte au travers des bois et nous conduit au-dessus
d'une gorge profonde, où se précipite une petite rivière, que la rapidité de son cours a fait nommer le
Rabodeau. A l'entrée de cette austère vallée, un monastère déploie sa belle façade et ses modernes constructions, qui se dessinent vigoureusement sur le fond
noir du tableau.

C'est au VIIe siècle (671), qu'un archevêque de
Trèves, saint Hydulphe, échangeant, contre quelques
pieds d'une terre inculte, le premier siége des Gaules,
vint ici établir son oratoire. Quatre monastères existaient déjà dans les Vosges ; la position du sien au
milieu d'eux lui valut le nom de Moyen-Moutier (*medianum monasterium*). Bientôt le nombre de ses

disciples s'accroît ; des colonies se dispersent, élèvent de nombreuses églises, jettent les fondements de tous les villages qui nous environnent, et le travail, accompli par des mains libres et fécondé par une règle sage, étend les cultures, défriche les forêts, fertilise les rochers et les landes.

L'abbaye de Moyen-Moutier, formée des dons gratuits de ses voisines, devint bientôt la plus riche des Vosges. Dès le IXe siècle, elle possédait près de deux mille manoirs. Parmi les hommes célèbres sortis de son enceinte, on peut citer dom Humbert, qui s'éleva, par son mérite, à la pourpre romaine et refusa la tiare après la mort de Léon IX ; dom Cellier, auteur d'une immense histoire des écrivains ecclésiastiques, et dom Elliot, savant archéologue, collaborateur de Mabillon.

Les bâtiments de l'abbaye, conservés à peu près intacts, ont un aspect grand et majestueux, qui frappe et qui plaît, soit que l'on entre dans l'immense cour qui les sépare, soit que l'on se trouve devant leur belle façade. Après trente années de travaux, ils furent terminés en 1780.

Lorsqu'en quittant Moyen-Moutier on remonte le cours de la rivière, une vallée creuse, étroite et très pittoresque, s'étend à la vue ; d'un côté, un noir rideau de montagnes uniformes et légèrement onduleuses ; de l'autre, des coteaux semés de cultures, de pâturages, de rochers épars, de maisons cachées dans un massif de verdure ; au milieu, la prairie où coule une eau rapide ; puis la vallée s'élargit et s'arrondit pour embrasser Senones et dessiner un horizon lointain de montagnes.

Senones doit aussi sa naissance à une fondation monastique. En 640, saint Gondebert (¹), renonçant à l'épiscopat, vint chercher la paix dans la solitude et bâtit un monastère auquel, en souvenir de son ancienne métropole, il donna le nom latin de Sens, *Senonia*. La vie politique y fut toujours orageuse. Vers l'an 1100, la maison de Salm obtint la vouerie de Senones, et les princes de cette famille attirèrent à eux le pouvoir. En 1571, Frédéric, le comte Sauvage du Rhin, se fit proclamer suzerain.

Senones est une petite ville assez maussade et de peu de ressources; l'abbaye se présente d'abord avec les vastes ramifications de ses bâtiments modernes, occupés aujourd'hui par une fabrique; de là part une large rue qui mène à une place sur laquelle est l'ancien hôtel des princes de Salm, ou plutôt leur pied-à-terre et la résidence de leurs officiers, car eux-mêmes habitaient Blâmont et avaient près de Senones un autre château élevé en 1190.

(L'auteur parle ici longuement du séjour de Voltaire dans l'abbaye de Senones, auprès de dom Calmet, la plus grande et la plus pure des réputations monastiques. Nous renvoyons à un de nos précédents chapitres: *Voltaire dans les Vosges.*)

Au sortir de Senones de fraîches prairies nous conduisent entre deux côtes élevées, où le Rapodeau se brise dans son lit de rochers, tombe en brillantes cascades et jaillit en écumes. Sur le revers opposé de la montagne, un réservoir, creusé non loin du sommet,

---

(1) On n'est d'accord ni sur la date, ni sur la qualité du fondateur. — (*Note de l'éditeur.*)

renferme un petit lac, transparent et calme, qui réfléchit dans le cristal de ses eaux, les têtes immobiles et l'aspect sauvage des monts , qui l'entourent. Vers 1070, un religieux de Senones bâtit sur ses bords solitaires un ermitage et une chapelle où l'on venait implorer Notre-Dame de la Meix ; mais ce pèlerinage entraînait des abus qui le firent supprimer dans la suite. Aujourd'hui la chapelle est en ruine, et une croix, à demi-brisée, s'élève seule au milieu des décombres ; cependant, dans des voûtes souterraines, sur un grossier autel de pierre, on vient encore déposer les enfants qui n'ont goûté que quelques heures de la vie et que la mort jalouse n'a pas permis d'inscrire au nombre des chrétiens. A peine couchés sur la pierre, me dit le guide, les yeux se rouvrent, un souffle éphémère ranime un instant leurs lèvres, l'eau du baptême coule sur leur front ; puis ils se rendorment dans la paix des élus. En grattant un peu la terre, on découvre autour de l'autel leurs dépouilles.

Après avoir franchi de hautes montagnes, taillées à pic comme des murailles, on descend dans la paisible vallée de Celles, qui se prolonge, gracieuse et variée, entre des pentes douces, où la tendre verdure du hêtre se marie à la teinte sombre des sapins ; elle s'entr'ouvre par intervalles pour faire place à de beaux villages, puis se ferme au pied du Donon, dont le sommet nous offre ses souvenirs et son magnifique panorama.

Le Donon.

Le Donon est une montagne des Vosges, élevée de 1,100 mètres au-dessus du niveau de la mer.

Pour jouir de tout le prestige du tableau qu'embrasse la vue sur la cime du Donon, il faut y arriver à cette heure où la terre semble sortir du sommeil et déploie ses charmes sous les premiers rayons du crépuscule. Cette nuit-là, une teinte vaporeuse et blanchâtre, étendue aux voûtes de l'air, voilait le scintillement des étoiles, et la lune, pâle et tremblante, projetant sa douteuse lumière, imprimait à la nature une couleur mystérieuse. Tout entier à nos impressions, attentifs aux capricieux effets de cette vie fantastique que prennent les objets sous les caresses de la nuit, aux jeux de la lumière et de l'ombre dans les bois, aux froissements des arbres, aux soupirs des forêts, nous avancions en silence. On arrive, après quelque temps de marche, à une clairière où le terrain devient à peu près uni, et, en élevant ses regards, on aperçoit la tête sombre et majestueuse du Donon; puis, en les rabaissant, les noires cimes des Vosges, qui moutonnent à l'entour, semblables à des vagues agitées qui seraient tout à coup rendues immobiles au pied d'un rocher solitaire.

À quelques pas de la route, deux maisons vinrent offrir un gîte aux voyageurs; je frappai à l'une des portes, et aussitôt un anabaptiste, quoiqu'il fût seul avec sa jeune femme, vint nous ouvrir, nous introduisit, nous, inconnus, sous son toit hospitalier, avec cette affectueuse bonté, cette confiance que l'on est presque toujours sûr de rencontrer dans les hommes de son nom; il mit tout à notre disposition, puis alla se rendormir... Après avoir chassé près du foyer pétillant l'engourdissement de la nuit, nous recommençâmes à gravir les pentes devenues plus rapides et plus difficiles de la côte, et nous arrivâmes à la cîme du Donon, au sein d'une obscurité toujours croissante. Il ne s'agissait plus que de s'établir confortablement pour attendre le jour ; sous une roche qui s'avance ainsi qu'un toit artificiel, on jeta, en forme de bûcher, des branches sèches, des fagots résineux qui semblaient avoir été préparés exprès pour nous, et les flammes s'élevèrent en gerbes ondoyantes, répandant sur nous et sur les rochers voisins une teinte rouge qui faisait ressortir encore la profondeur de la nuit. Enveloppés dans nos manteaux, nos fusils et nos chiens à nos côtés, nous nous étions couchés à l'entour... Je croyais assister aux scènes enchantées que rêve avec tant d'ardeur une jeune imagination ; mais la réalité me forçait à descendre de si haut, et il me semblait alors que notre halte ne ressemblait pas mal à une station de Bohémiens errants ou au bivouac d'une troupe de brigands ou de contrebandiers.

Cependant les premières lueurs du matin, luttant avec les ténèbres, commençaient à blanchir l'horizon, et déjà une ligne pourprée s'étendait à l'Orient, derrière les émanations vaporeuses du brouillard. Il serait difficile de décrire la magnificence du spectacle que nous offrait la lente progression du jour ; je ne saurais mieux comparer son effet magique qu'au ravissement d'une intelligence à laquelle il aurait été donné d'assister à la création des mondes... Au-delà des vastes anneaux de la chaîne des Vosges, les plaines déroulent leurs plis immenses. A l'est, ce sont les jolies vallées de l'Alsace, leurs riches campagnes, où sont semées avec profusion les villes et les villages ; de l'autre côté, voilà la Lorraine, plus vaste, mais moins pittoresque et moins peuplée. Qu'est-ce donc que je vois à l'Orient, s'élevant dans les airs comme un souffle léger, au milieu d'une plaine que ceint une écharpe d'or ? C'est vous, ravissante flèche de Strasbourg, qui secouez vos dentelles au front de votre superbe cathédrale [1].

PARTIE ORIENTALE DU DÉPARTEMENT
Brouvelleures. — Bruyères.

En longeant la côte de Kamberg (près Saint-Dié), on trouve après une heure de marche, dans une vallée roide et sauvage, au fond d'une lézarde creusée comme le lit desséché d'un torrent, le village de Taintrux, la plus ancienne seigneurie des Vosges, apanage des voués de Saint-Dié et des fils du sang de Lorraine. Il y a quelque temps encore on pouvait rattacher ses souvenirs à un monument contemporain, au vieux château du XIII° siècle, debout avec ses larges murs et toute la poésie des âges chevaleresques ; mais les remparts antiques ont cédé au marteau destructeur et la seule tour qui reste va bientôt disparaître, m'a-t-on dit, parce qu'elle nuit à la symétrie des constructions nouvelles.

Deux montagnes de forme conique s'élèvent à l'ouest de Taintrux. L'une d'elles, le Chazeté, offre les caractères d'un lieu consacré au culte druidique, la terrasse circulaire, le plateau d'un accès difficile, le bassin du sacrifice ; et certes la sauvage aspérité de

---

[1] Le Donon est allemand aujourd'hui ; la frontière française passe à quelques kilomètres à peine de son pied. Nous laisserons le jeune voyageur décrire le plateau du Donon avec ses ruines (V. le voyage de Dom Durand) et descendre à Framont, à Schirmeck et en Alsace, pour revenir avec lui aux environs de Saint-Dié.

ce sommet était bien en harmonie avec les sombres mystères et les sanglants holocaustes de cette religion farouche. De là on descend dans la colline des Rouges-Eaux, dont le calme n'est troublé que par le bruit sourd des nombreuses scieries assises aux bords de la montagne. L'exploitation des forêts est encore aujourd'hui la branche principale de l'industrie des Vosges ; mais on n'y compte plus guère que 60,000 hectares de bois, tandis que, jusqu'au XVe siècle, première époque des défrichements, les montagnes étaient entièrement vêtues des variétés nombreuses du *pinus abies* et du *pinus silvestris* ; aussi la vigne, aujourd'hui proscrite, se plaisait à leur abri sur les coteaux, et les titres anciens des redevances parlent des vins de Saint-Dié, de Mandrai, de Fraize, de Taintrux.

Au bout de deux lieues la vallée tourne brusquement à l'ouest et va mourir à Brouvelieures, au sein d'une belle couronne de montagne. Non loin de ce bourg, un sentier raboteux et pénible conduit au sommet d'une côte où l'on voyait, il y a quelques siècles, une commanderie de Templiers. Il ne reste plus de la demeure des religieux qu'un amas informe de pierres couvertes de lichens et de mousses. La commanderie de Bellieuvre (Brouvelieures) fondée en 1146, fut livrée au pillage en 1313. Une seule nuit vit le massacre des Templiers et la ruine de leur maison. Mais le souvenir du fait plane encore sur les décombres. Des fantômes blancs y reviennent tous les soirs, me dit le guide, et des cris et des hurlements se font entendre et je le vis regarder avec inquiétude autour de lui, parce que la nuit approchait.

Bruyères se déploie devant nous sur les pans d'une

éminence couronnée de bosquets. Cette petite ville, propre, régulière, où tout respire un air de bien-être et d'aisance, était autrefois le séjour d'une société d'élite chez laquelle régnait une franche bonhomie et cette simplicité charmante dans un monde peu étendu. On y était surtout accueillant pour les étrangers, et la chronique joyeuse des salons rapporte que le chevalier de Boufflers y étant arrivé incognito et voulant s'amuser des prévenances dont il était l'objet, se donna pour un artiste, heureux de faire le portrait des dames qui voudraient bien lui confier leurs figures ; puis, quand il en eut achevé les charges, il les leur envoya avec de ces vers spirituels, légers, dans lesquels il était impossible de ne pas le reconnaître. « Notre petite ville de Bruyères, dit Marmontel (dans *le Misanthrope corrigé*), est remplie de gens qui aiment les lettres et qui les cultivent. En aucun lieu du monde on n'a des mœurs plus douces ; on y est poli avec franchise, simple, mais cultivé ; la candeur, la droiture, la goieté font le caractère de ce peuple aimable. Il est social, bienfaisant. L'hospitalité est une vertu que le père transmet à son fils. Les femmes y sont spirituelles et vertueuses, et la société embellie par elles, unit les charmes de la décence aux agréments de la liberté. »

Bruyères vit naître en 1731 et mourir en 1813 un célèbre diplomate, l'abbé Georgel, secrétaire d'ambassade à Vienne, et dans la suite pro-vicaire de l'évêché de Nancy pour les Vosges. Ami du prince évêque de Rohan, il joua un certain rôle dans l'histoire du collier et parvint dans ses *Mémoires*, à jeter un jour favorable au cardinal dans cette funeste affaire qui fit verser à Marie-Antoinette ses premières larmes de reine.

On voit au-dessus de Bruyères une tour à demi ruinée qui appartenait au château bâti, selon les chroniqueurs, par Ambron, fils de Clodion le Chevelu, et détruit par la foudre en 1615. C'était au moyen-âge la halte de chasse des rois Franks et des empereurs. Mais le souvenir principal qui s'y rattache est celui d'un trait de patriotisme accompli par un bourgeois de Bruyères, Varin Doron, alors que les Bourguignons faisaient peser leur joug sur la Lorraine.

Charles le Téméraire s'était emparé de toutes les places fortes ; Nancy venait de capituler (30 novembre 1475), et René II, pris au dépourvu, cherchait vainement à obtenir les forces que lui avait promises son astucieux allié, Louis XI. Mais bientôt Charles est obligé de rejoindre son armée repoussée par les Suisses, ces paysans que le Téméraire s'était flatté d'écraser d'un coup d'œil. Alors le courage renait au cœur des Lorrains ; Doron va trouver le duc de Lorraine à Strasbourg, « et quand le vit, dict: Hé, duc, vous êtes bien endormi ; si vous voulez, je vous ferai Seigneur de Bruyer, et vous dirai la manière. Devant ma maison l'église y est ; tous les jours quand messe se chante, le capitaine y vient ouïr la messe. Donnez-moi des gens, et je veux être étranglé si capitaine ne prends, et par lui le château se rendra. » Le duc lui accorde cent vingt lansquenets, sous la conduite d'un certain Harnecaire. « Le bonhomme commande à Dieu Monseigneur et dict : Faites bonne chière et tenez la chose assurée. Ce dict bonhomme est venu près la dicte Bruyer, et quand on vint à minuit : Or ça, dit Doron, il est temps ; le dict s'en est venu par derrière les engins de sa maison et tous ses gens les mit dedans.

Beau jour haut était: à l'heure accoutumée voici venir le capitaine de ses gens accompagné. Le dict les laissa entrer (à l'église, puis les lansquenets) saillirent dehors et furent tous (les Bourguignons) troussés ». Pour avoir la vie sauve, le capitaine livra son château, « et toutes les villes des environs vinrent obéir à Harnecaire, lequel était bien modéré au faict de la guerre, et se faisoit aimer de tous gens. » (*Chronique de Lorraine*).

Doron choisit en récompense l'office de sergent ès prévôtés que sa famille a possédé jusqu'en 1751 ; et, dans la même circonstance, les habitants de Laveline, village près de Bruyères, s'étant distingués par leur bravoure, furent anoblis par René, avec le privilège de transmettre leur noblesse par les femmes, hérédité restreinte aux mâles en 1739.

Champ. — Granges

A une lieue de Bruyères, voici Champ, le vieux domaine des rois Barbares, leur séjour durant la saison des chasses, alors que ces plaines, ces monts, ces vallées, n'étaient que d'immenses forêts peuplées de bêtes fauves. Ici ils avaient un château dont il ne reste plus de vestiges ; mais le sanctuaire que Karl le Grand éleva près de son palais, le voilà encore avec tous ses souvenirs et cette poétique architecture romane, expression si vraie de l'époque qui la conçut.

Le premier des rois que l'histoire nous montre venant goûter dans les Vosges le plaisir de la chasse, est Gonthram le petit-fils de Clovis. Les chroniqueurs donnent peu de détails sur le séjour des rois Franks dans les Vosges ; mais presque tous les ans, à l'automne, ils amènent à Champ les deux empereurs Karl et Khlowigh (Charles et Louis) et les font passer au-delà au Romari-mont où ils ont un autre château que nous rencontrerons dans la suite de nos promenades. En 805, Karl le Grand y reçut son fils aîné, revenu victorieux d'une expédition en Bohême ; un chapiteau de l'église de Champ les représente tous deux à cheval, se donnant la main et se saluant avec une naïveté et une bonhomie charmantes. En 825, Louis le Débonnaire y accueillit son fils Lother à son retour d'Italie, et c'est au sein de nos montagnes que venaient trouver nos empereurs, les envoyés des nations alors soumises à leur joug.

Au milieu de la prairie serpente la Vologne, qui après avoir reçu à quelques pas d'ici le ruisseau du Neuné, nourrit dans ses eaux des perles proclamées par les anciens historiens « belles, rondes, lucides, quasi comparables aux orientales. » C'était autrefois une pêche royale, et quand, en 1761, mesdames Adélaïde et Victoire de France visitèrent les Vosges, on leur en offrit des parures. Mais aujourd'hui, quoique la rivière soit encore pavée d'huîtres, il faut en briser un si grand nombre pour trouver une perle, que l'on a renoncé à la pêche.

En remontant la Vologne, on rencontre bientôt le village de Granges, et l'on voit la vallée se rétrécir insensiblement, jusqu'à ce qu'elle devienne si étroite, que la rivière et la route se sont frayé avec effort un passage au pied des côtes (1) ; puis tout à coup à gauche du voyageur, le flanc de la montagne paraît dépouillé

---

(1) Le chemin de fer y côtoie aujourd'hui la Vologne.

d'arbres et couvert de débris granitiques, semblables
à des ruines éparses. Arrachés à un bloc primitif, ces
rochers ont roulé du sommet, et, dans leur chute, ont
formé sous leurs parois anguleuses, des cavités où les
eaux de neige, s'accumulant en hiver prennent en été
la consistance de la glace (¹). Lorsque pendant les
chaleurs les plus fortes, on se laisse glisser par l'étroite
ouverture des cavernes, on est saisi d'un froid péné-
trant, et l'on marche sur un pavé de glace très épais ;
cependant ces grottes sont exposées au midi, et
dégarnies de bois.

Gérardmer.

A l'extrémité de la vallée de Granges, on voit se
développer un vaste bassin, terminé par un lac silencieux dont les belles courbes se dessinent au pied des
montagnes, et creusent leurs festons ondulés dans les
prairies de ses bords. Sur la rive orientale, à quelque
distance des eaux, Gérardmer se déploie entre deux
côtes arides et rocailleuses, couvertes, l'une de maisons
éparses dans de petits enclos de maigre culture, l'autre
de pierres et de noirs granits, qui impriment à la
vallée une teinte noire et sévère. Ce bourg, aujourd'hui
composé de près de six mille âmes, répandues dans un
rayon de deux lieues, compte à peine quatre siècles
d'existence : ses alentours n'étaient que des forêts
épaisses, lorsqu'au XI⁰ siècle, le premier duc héréditaire
de Lorraine fit élever une halte de chasse là où se voit
aujourd'hui l'église du Calvaire et son nom s'est attaché
plusieurs siècles après aux habitations qui sont venues

---

(1) Voir plus haut l'épitre en patois.

se grouper autour du château solitaire. Les premiers habitants de Gérardmer furent probablement des pêcheurs ; ainsi le veut la tradition qui montre près des eaux une masure croulante, qu'elle dit avoir été leur demeure.

Gérardmer s'embellit tous les jours et semble vouloir justifier le dicton populaire : « Sans Gérardmer et un peu Nancy que serait-ce de la Lorraine ? » Les habitants sont francs, énergiques, spirituels dans leurs réparties ; hommes à passions fougueuses qui, bien dirigées, deviendraient grandes et belles, ils sont grossiers, brusques, orgueilleux, insociables, restent dans l'isolement, se polissent peu par le contact, et n'ont d'autre règle en tout que leur opiniâtre volonté. Le peuple est commerçant plutôt qu'agricole et l'industrie se compose surtout de la fabrication des fromages et de cette jolie vaisselle en bois rouge et blanc, de ces ustensiles de ménage si frais, si propres, si mignons quelquefois qui se font dans les hameaux et s'exportent au loin.

.... Tout, dans ces montagnes, semble destiné à séduire l'imagination, à captiver le poète ou l'artiste : les paisibles vallées où paissent les troupeaux, le calme des bois que l'œil pénètre avec délices entre les troncs dégarnis des pins, les mille bruits des eaux qui sourdent, serpentent sous les mousses humides, se brisent en fumée et tombent en cascades, les richesses de la végétation, les tons vaporeux des montagnes, leurs croupes arrondies ou hérissées de rocs, leurs cimes sur lesquelles on respire un air libre et robuste et l'on trône comme un roi de la création.... A une demi-lieue, voici le Saut des Cuves, où la Vologne se jette écumante entre deux murailles de rochers noirs ; auprès, voilà la roche qu'on assure avoir servi de siège à Karl-le-Grand au milieu d'une chasse ; plus loin les ruines d'un pont dont la tradition fait honneur aux Romains ; plus loin encore la vallée du Tholy, fraîche et riante, mais étroite, comme serait une ravine creusée par la soudaine irruption des eaux, et puis la cascade de Tendon qui laisse tomber de bassin en bassin sa nappe argentée ou ruisselant de mille feux sous le soleil.

En remontant le cours agité de la Vologne, on découvre bientôt une vaste plaine aride, et quelque chose de blanc apparaît au loin ; c'est le lac de Longemer qui développe ses belles lignes, aux pieds sinueux de deux montagnes que viennent doucement baigner les flots. Sur une langue de pré qui s'avance au sein des eaux est une petite chapelle dans un massif d'arbres. Il y a huit siècles, un seigneur de Lorraine (¹), épris d'amour pour la solitude, vint ici bâtir une cellule et passer sa vie. Cette chapelle renferme un dévidoir qu'il faut tourner à rebours et de la main gauche pour obtenir ce qu'on sollicite.

Une vallée sombre et silencieuse joint Longemer à un autre lac, que sa forme ovale a fait appeler Tournemer. Une étroite prairie le ceint et le sépare des forêts ; sur ses vertes pelouses, quelques métairies paraissent à la lisière des bois, et le long de ses rives s'entrelacent, ainsi que les festons d'une guirlande de fête, les variétés nombreuses des plantes aquatiques, où dominent les feuilles larges et flottantes des ménianthes et des nénuphars. De hautes montagnes le

---

(1) Bilon. (V. Dom Ruyr, les saintes antiquités des Vosges.)

dominent ; l'une d'entre elles, le Hohneck, est considérée comme le centre des Vosges.

Au Hohneck se rattache le Collet, dont les pans sont sillonnés de nombreux sentiers en zigzag, formés de rondins engagés à demi dans la terre et placés horizontalement à la distance d'un pied l'un de l'autre. C'est ce que les montagnards appellent des chemins *rafftés* ou de *schlitts*, sur lesquels ils descendent les coupes annuelles des forêts. Un traîneau, pesamment chargé, glisse rapidement sur les rondins, tandis qu'un homme assis au-devant pose alternativement sur eux ses jambes, afin de modérer et de diriger sa course. Ces pénibles travaux exigent des hommes durs et vigoureux ; aussi font-ils, pour soutenir leurs forces, un usage immodéré de l'eau-de-vie ; j'en ai vu, ne la trouvant pas assez brûlante, y détremper du poivre, des feuilles de tabac et des racines de gentiane, puis l'avaler à pleines gorgées. Les schlitteurs sont en grand nombre dans les montagnes et forment, sous la présidence d'un commis délégué par le propriétaire de l'exploitation, une espèce de république, qui rappelle quelque chose de ces hordes barbares sorties des forêts de la Germanie.

Parvenus au faîte du Hohneck, un vaste et imposant spectacle se déroule à nos yeux ; d'un côté, les monts vosgiens, soulevés comme les flots d'une mer en furie, immobiles comme les vagues subitement cristallisées d'un océan de glace ; de l'autre, les cimes alsaciennes, fuyant et adoucissant leurs pentes jusqu'aux plaines fertiles que borde le Rhin ; puis, au-delà, la Forêt-Noire et les montagnes d'Helvétie, dont les têtes neigeuses se perdent dans les cieux.

Toute la crête de ce chaînon des Vosges est dépouillée comme le front d'un homme consumé par les veilles ou par le chagrin ; ces vastes clairières, nommées *chaumes*, englouties sous les neiges pendant une grande partie de l'année, reçoivent au mois de juin des familles de fromagers, connus sous le nom de marquarts, qui montent des vallées voisines et redescendent bientôt, chassés par les froids précoces de septembre. Durant la chaude saison, leurs troupeaux errent, nuit et jour, en liberté sur le penchant des côtes, où les belles vaches broutent les herbes épaisses parsemées de fleurs, d'arbustes odorants, de plantes aromatiques, qui rendent leur lait onctueux et embaumé, et on entend d'un sommet à l'autre la voix argentine ou grêle des sonnettes suspendues à leur cou, se mêler aux chansons des vachères et au son de la corne des pâtres. Les chalets, cachés de distance en distance dans le creux d'un ravin, se composent de deux longs toits dont les extrémités joignent presque la terre ; sous le premier est l'habitation des marquarts ; l'autre couvre une étable planchéiée, propre, je dirais presque élégante, traversée par un ruisseau qui entretient la pureté de l'air...

Le Valtin.

Descendre n'est pas le plus facile, souvent on ne le fait qu'au détriment de ses jarrets et de ses reins. Les pierres du sentier roulent sous les pas ; les buissons auxquels on s'accroche lâchent prise et font perdre l'équilibre ; alors on n'a plus qu'à se laisser glisser sur ses talons, en tendant les bras à un arbre sauveur.

A mi-côte nous trouvons la jolie cascade du Valtin, remarquable surtout par une luxuriante végétation : au-dessus, le tremble et le bouleau mélancolique balancent leurs légers rameaux et les mêlent au feuillage touffu du hêtre, à la sombre verdure du sapin, qui, cramponné au rocher nu, l'enlace de ses serres et pousse au loin ses racines, comme des serpents pour y puiser la nourriture ; à l'entour, les festons grimpants des convolvulus en fleurs, les sarments des lianes, les guirlandes des liserons, les blancs nénuphars, les vertes palmes des fougères, les gerbes d'églantiers embaumés, les buissons d'aubépine, entrelacent leurs tiges flexibles, et l'infinie variété des mousses et des plantes pariétaires tapisse les rochers. L'onde écumante qui s'irrite et se brise dans son lit de rocs, nous mène à la vallée du Valtin, terminée par le village de ce nom.

Au centre de la paroisse, sur une éminence qui domine le hameau et la vallée, l'enfant de la montagne a placé quatre demeures ; la pauvre église du Dieu de l'étable, le presbytère, la maison de l'homme qui enseigne à l'enfant l'alphabet de la science, et le champ de la mort. La religion, la morale, la probité primitive règnent dans le pays ; jusqu'ici il est inouï qu'un Valtinois, *d'ancienne race*, ait eu à subir un jugement pour vol ; et en lui ce sentiment inné « à chacun le sien » est si sacré que le moindre soupçon ne plane jamais sur aucune tête. Charitable, hospitalier, il fait asseoir le pauvre à sa table, ne voyant que son frère dans le mendiant vêtu de haillons. Dans ses divertissements il est bruyant et léger ; dans ses égarements, il est haut et fier comme la crête de la montagne, inaccessible comme le pic des rochers ; haineux, il recommande à ses arrière-neveux ses rancunes et lègue à sa famille le triste héritage d'une vengeance séculaire. La terre, manquant pour l'agriculture, ses bras nerveux restent engourdis ; boire l'eau-de-vie à pleines rasades, voilà l'occupation du Valtinois.

MŒURS ET COUTUMES DES MONTAGNARDS

De même que nous avons divisé les Vosges en région plane et région montagneuse, ainsi pourrons-nous encore distinguer en cette dernière, la partie purement montueuse, avec ses pics ardus, ses gorges noires, sa végétation spontanée, et celle dont les caractères tiennent plutôt des plaines, formes plus douces, vallons plus ouverts, terrains plus fertiles. Ces nuances du sol colorent de reflets divers l'esprit et les mœurs des habitants. Le montagnard, dont les désirs se bornent à l'étroit horizon de la vallée, jouit, insouciant et oublieux de l'avenir, des dons de la Providence. L'habitant des plaines, au contraire, ne doit qu'à ses pénibles labeurs le pain de chaque jour, et le grain qu'il jette à la terre ne germe qu'arrosé de ses sueurs ; l'activité, l'énergie forment donc son caractère, comme la nonchalance et le repos celui du montagnard.

Dans les cantons agricoles des Vosges, il n'en est point comme de beaucoup de cantons de France, où quelques riches agriculteurs exploitent seuls en grand, tandis que leurs voisins ne sont que des manœuvres ; ici chaque famille a sa charrue, son joug de bœufs, son héritage qu'elle laboure et ensemence ; ainsi l'homme est indépendant de l'homme et, propriétaire, a tout à perdre dans les troubles civils, tout à gagner dans la paix qui seconde ses efforts.

Chaque habitation a l'aspect vivant et animé d'un centre de cultures ; généralement la maison est peu élevée, profonde, couverte en bardeaux. Une croix de pierre ou formée de deux coups de pinceau, une vierge surmontent la porte. Entrez ; au bout d'un étroit corridor, vous trouverez une salle basse, encombrée de meubles de ménage, d'instruments aratoires, de petites escabelles à trois pieds, de crédences où la ménagère étale avec orgueil la vaisselle bariolée de fleurs rouges et bleues et de poétiques devises. Là se réunit la famille pour le repas de chaque jour. Une soupe au lard, un plat de légumes, une corbeille de pommes de terre cuites à l'eau, tel est le cercle où tourne invariablement le menu d'un dîner montagnard ; car on ne se permet qu'à la fête du saint de la paroisse toute autre espèce d'aliment et de viande. A côté, voici le poêle, salle de réception, de travail et de sommeil.

C'est ici que, durant les longues soirées d'hiver, se tient le cercle des veillées : à la seule clarté d'une lampe, dans la brûlante atmosphère d'un poêle ardent, les femmes agitent le rouet monotone, en répétant les commérages et les cancans du jour ; les hommes tressent en corbeilles les tiges flexibles du saule, tissent le lin, partagent les travaux des femmes, ou bien, oisifs, fument accroupis sur l'âtre, tandis que les jeunes gens lient les doux entretiens ; mais si la voix du vieux soldat vient à redire les cent batailles où il suivit

Napoléon, si le barde villageois conte les légendes dont le thème est unique, les variations seules sont brodées par son imagination, alors tout bruit cesse, et le cercle se rétrécit autour du narrateur.

Le motif le plus fécond de ses récits est, on le pense bien, la croyance aux génies bons ou malfaisants connus dans les Vosges sous le nom générique de *Sotrés*. Le sotré est tantôt un esprit qui, s'élevant des prairies sous la forme de feu-follet, poursuit les faneuses trop tardives ou les matineux faucheurs ; tantôt une musique aérienne, dont les accents trompeurs, comme le chant des sirènes, attirent dans le piège l'imprudent voyageur ; d'autres fois, c'est un malicieux lutin qui se loge dans la quenouille de la fileuse et l'emmêle d'une inextricable façon, qui se joue dans la crinière des chevaux ; aiguillonne la génisse aux pâturages pour qu'elle ne puisse brouter les herbes laiteuses, empêche la crème de s'épaissir dans la baratte, et, pour peu qu'il en veuille à la ménagère, lui cause mille avanies pareilles.

Dans presque tous les villages, on montre une vieille femme, une *meg* hargneuse et rabougrie, qui jette les **sorts** ; mais il est aussi des hommes auxquels est confiée la miraculeuse vertu de les conjurer et de guérir, par des signes et des paroles mystérieuses, les maux les plus graves. Cependant les malades ne s'adressent à ces sorciers, comme on les appelle, qu'à la dernière extrémité, parce qu'ils craignent de pécher en reconnaissant en eux un pouvoir surhumain.

La famille a conservé dans les Vosges quelque chose d'antique et de patriarchal. La puissance paternelle, l'autorité des vieillards y sont grandes encore ; l'hospitalité, la bienfaisance sont des droits acquis à tout indigent, à tout étranger. Les dimanches, après la messe, on ne croit pas rompre le repos religieux. en faisant des *corvées*, c'est-à-dire en se réunissant pour travailler aux semailles et aux récoltes des pauvres, sans aucun salaire, ou quelquefois sans autre salaire que la promesse de la danse pour le soir, car la danse est dans les montagnes le plaisir, le bonheur par excellence. Elle offre à certains jours des caractères mystiques qui pourraient bien être des vestiges des idées païennes, mais qui vont s'effaçant chaque jour. Ainsi le premier dimanche de carême, on allume, la nuit, sur les hauteurs, de grands feux autour desquels on danse en criant sur tous les tours : Io! Io! Io! Jadis chaque jeune fille choisissait parmi les jeunes gens un valentin et ces danses des *fechenottes*, des *brandons* ou des *bures* étaient la source des mariages de l'année; quand il y avait un monastère dans les environs, la première contredanse appartenait au prieur ou à l'abbesse, qui devait en personne ouvrir le bal.

Je veux décrire quelques coutumes relatives au mariage, empruntées à des lieux divers, ou réunies en quelques-uns pour le solenniser. Si un jeune homme voit devant l'habitation rustique un fumier bien peigné, bien soigné, affectant même des festons qu'une mère prévoyante a dessinés sur ses bords, on peut être sûr qu'il y a là quelques jeunes filles à marier; mais ce n'est qu'après avoir longtemps soupiré en silence qu'il osera demander la main de celle qu'il a choisie, et que celle-ci la lui accordera, car l'empressement de part et d'autre serait très déplacé. Alors ont lieu les fiançailles ; les pères s'entendent pour la dot, les voitures de foin, les mesures de seigle que produisent leurs héritages, puis, le *marché* conclu, l'arrosent de copieuses libations. Au jour du mariage, le jeune homme vient avec ses amis demander son épouse ; pour elle, en costume du matin, mêlée à ses compagnes, elle balaie pour la dernière fois la maison paternelle, symbole des vertus intérieures, soin qu'elle aimait tant à remplir et qu'elle va laisser à sa jeune sœur. Cependant l'époux réclame sa fiancée ; on feint de ne pas le comprendre ; on lui offre chacune des jeunes filles, qu'il repousse tour à tour, jusqu'à ce qu'on lui livre enfin celle que son cœur a distinguée dans la foule. Il la mène alors à sa chambre et la laisse entre ses amies, qui préparent longuement sa toilette nuptiale. Heureuse celle qui attache la première épingle ! L'année ne finira pas avant qu'elle ait elle-même été conduite à l'autel. Le costume de noces est un habit de deuil, sans broderies, sans dentelles, comme si la femme pleurait ses belles années écoulées. Après les cérémonies religieuses, la nouvelle épouse, qui a mérité cet honneur par une vie sans tache, est menée par son valentin devant l'hôtel de la vierge Marie ; mais à celle dont l'union tardive ne fait que couvrir une première faute, on refuse cette faveur, et le *charivari*, interprète de la morale, l'attend à la porte de l'église. Puis viennent les chants, les danses, le banquet ; au dessert, les jeunes gens, placés à une table à part, doivent racheter la mariée, assise au milieu des grands parents, et ne l'obtiennent qu'après de longs discours, où, solliciteurs comme opposants, cherchent à faire briller leur esprit ; la jeune épouse, une quenouille, ornée de rubans, passée à sa ceinture, fait quelques pas de valse ou de menuet avec chacun des convives ; enfin, quand son mari veut l'emmener à sa demeure, on la retient encore, on ferme les portes, on barricade les avenues de la maison, et il doit acheter chèrement le droit de les franchir avec elle.

Les Vosgiennes sont de fécondes et bonnes mères de famille. Elles montrent avec orgueil leurs nombreux enfants, au teint coloré, aux larges épaules ; et le paysan, quelque pauvre qu'il soit, loin de les regarder comme une charge, les reçoit ainsi qu'une bénédiction et que la fortune la plus précieuse. Les femmes ont, en général, la taille haute et robuste, les traits prononcés, une grande fraîcheur de teint. Les hommes sont rarement grands, mais forts et bien faits, pleins de feu, d'impétuosité et d'énergie ; leurs cheveux, coupés horizontalement sur le front et retombant en larges boucles de chaque côté, leur donnent une physionomie sérieuse et grave, remarquable surtout lorsque l'on quitte pour les Vosges la joyeuse et légère Alsace ; mais le costume est dépouillé de sa primitive originalité. Les vieillards seuls ont conservé l'antique chapeau à longs bords, relevés d'un côté, l'habit à larges basques, les culottes courtes et les bas arrêtés au-dessus du genou ; les jeunes gens n'ont rien de distinctif dans leur vêtement. Celui des femmes, les jours de dimanche, est lourd et disgracieux ; les jours de travail, il est assez joli : pieds et bras nus, étroit corsage ouvert sur la gorge, que recouvre un fichu, jupon rouge ou bleu, et sur la tête une petite cornette, de couleur tranchante, retient les cheveux lissés.

La Bresse.

De rudes sentiers conduisent de Gérardmer, par des bois silencieux, à la Bresse, village assis au fond d'une gorge noire, étroite, aride et triste. Les côtes sont recouvertes comme d'un lugubre vêtement de roches nues et brûlées, d'amas de pierres noires, interrompues seulement par quelques maisons et de pauvres cultures qu'un pénible travail est parvenu à fertiliser en dépit de la terre inféconde.

La vallée de la Bresse se prolonge au midi pendant quelques lieues, perdant graduellement son aspect sauvage, pour revêtir des formes plus aimables et plus douces; puis franchissant les montagnes grandioses et vigoureusement taillées qui s'élèvent à gauche du voyageur, on arrive à Bussang, village riche et commerçant, bâti dans une vallée pittoresque, à quelque distance de la frontière d'Alsace, sur la route de communication entre cette province et la Lorraine. On y sent le mélange des deux peuples, et le caractère allemand se trahit dans les allures, le langage, les figures, dans le costume des femmes surtout; elles ont la taille haute, les longues manches de chemise plissées, une petite cornette en velours noir garnie de dentelles, rattachées sur le front par un gros nœud de rubans; et quand elles vont aux travaux des champs, elles abritent leur visage sous un large chapeau de paille tressée.

Bussang.

Bussang est connu surtout pour ses eaux minérales. Les sources sont au nombre de cinq; l'une d'elles s'échappe des parois d'un rocher dans le cellier d'une jolie maison ombragée de hauts tilleuls, au pied d'une côte pierreuse, à une demi-lieue du bourg ; on en voit sourdre une seconde un peu plus haut, dans un bassin entouré de murs à hauteur d'appui ; les trois autres sont abandonnées.

Presque vis-à-vis de l'établissement des eaux, de l'autre côté de la route, une faible source sort d'un pré et forme, réunie à quelques autres, un peu avant Bussang, une petite rivière qui devient bientôt le *fleuve majestueux* aux sources duquel Ausone adressait ses vers : « Salut divine Moselle, mère puissante des héros et des riches moissons !.... ». La Moselle traverse le départemement des Vosges et passe non loin de la Saône, ce qui avait inspiré à Domitien la pensée de réunir par un canal le lit de ces deux rivières, pour joindre par le Rhône et le Rhin la Méditerranée à l'Océan ; il en confia l'exécution à Lucius Vetus ; mais ce beau projet échoua contre l'envieuse opposition d'Elius Gracilis.

A la frontière du Haut-Rhin, la vallée de Bussang se termine aux pieds de deux montagnes qui ne laissent qu'une étroite issue ; de l'autre côté, elle va se perdre au joli village de Saint-Maurice, entre des montagnes élevées auxquelles leurs formes arrondies ont valu le nom de Ballons. On distingue le Ballon de Servance et celui de Giromagny ou d'Alsace. Celui-ci, élevé de 1250 mètres au-dessus du niveau de la mer, offre à la vue le plus vaste horizon qu'elle puisse embrasser de quelque point de ces montagnes ; aussi est-il, pendant les beaux mois de l'année, l'objet de nombreuses et agréables visites. Ses pentes douces, sillonnées par une route qui les gravit en serpentant, mènent, après une heure et demie de marche, à une vaste plateforme d'où l'on jouit d'un magnifique coup d'œil, quand le ciel est pur et serein.

La route qui, de Bussang se dirige au sud, fait à Saint-Maurice un coude brusque et court de l'est à l'ouest pendant quelques lieues, entre des côtes nues, hérissées de rocs, dont la sévérité donne au paysage un aspect pittoresque et une beauté mâle et fière. Dans l'étroite prairie couchée à leurs pieds, la Moselle s'agite dans son lit rocailleux, et sur ses bords sont épars de nombreux villages, parmi lesquels nous remarquerons le Thillot, qui, détruit, il y a quelques années par les flammes, s'est relevé plus beau de ses ruines et affecte même quelques airs de ville. Enfin la vallée adoucit son austère attitude ; elle s'entrouve et, au sein d'une couronne de montagnes, on aperçoit Remiremont, ville aux monastiques souvenirs, aujourd'hui mondaine, riche, coquette, pleine de mouvement et de vie. Une rue large, régulière, bordée d'arcades, la traverse et conduit à une place entourée d'arbres où s'élèvent les bâtiments abbatiaux du chapitre de dames.

Remiremont.

Remiremont, couché dans les plis onduleux de la prairie, appuie sa tête à une côte rocheuse et tend ses pieds à la Moselle. Des hautes montagnes qui l'environnent, l'une est en grande vénération dans le pays. C'est le Saint-Mont, où Remiremont prit naissance sous l'aile d'un vieux château, puis d'un monastère ;

on n'y trouve plus que des décombres, mais on est merveilleusement placé pour dominer le pays.

La route de Remiremont à Gérardmer tourne le pied du Saint-Mont et rencontre le village de Saint-Amé, près duquel, au flanc d'une côte, on va voir le Saut-de-la-Cuve, jolie cascade qui tombe dans un bassin entouré d'une vigoureuse végétation. A une lieue de là, entre Sapois et Rochesson, on entend près de la route le mugissement d'une autre cascade, celle du Bouchau, dont les eaux tombent en deux bonds contre des rochers où elles se forment en écume et en fumée pour recommencer bientôt à couler calmes et inaperçues. Au midi de Remiremont, une autre route se développe dans de jolies vallées et se dirige vers Plombières.

Plombières est jeté de la façon la plus originale et la plus bizarre dans une fente creuse, rapide, peu évasée, semblable à une déchirure violemment faite au sein de la montagne par les efforts d'une commotion souterraine. De quelque part que l'on y arrive, si ce n'est de la Haute-Saône, il faut descendre à pic, et quand on est au fond de cette gorge, on se trouve encaissé dans des côtes si rapprochées et si hautes, que l'on ne concevrait pas comment une ville est venue se nicher dans ce trou, si l'on ne se rappelait ses salutaires eaux. La ville a dû suivre les dispositions du terrain ; aussi des trois rues qui la composent, l'une est dans le fond du ravin, parallèle au torrent qui le sillonne, les deux autres se dessinent en courbes montueuses sur le pan des côtes, en sorte que la base de leurs maisons est au niveau des toits de la rue inférieure, ce qui produit un singulier effet, lorsque, placé au-dessus, on domine ce chaos d'habitations.

ÉPINAL

NOTICE

Dans une suite de *Lettres vosgiennes* publiées en 1866, nous avons, par la plume d'un ancien instituteur, fait d'Épinal au commencement du siècle, un tableau qui ne diffère de celui qu'eût présenté cette vieille ville dans les siècles derniers que par la suppression ou la transformation de ses nombreux couvents. Cette lettre se termine par quelques réflexions sur l'esprit moral de la jeunesse et des habitants de cette ville, au beau milieu du régime impérial, mais sans toucher à la politique, interdite à l'*Echo des Vosges* où les *Lettres vosgiennes* ont d'abord été publiées. Tout incomplet qu'il est forcément, ce tableau parut vrai et curieux et nous croyons que ces quelques pages d'un ouvrage complètement épuisé pourront toujours avoir de l'intérêt.

André à Jean-Louis.

2 Octobre 1865.

.... Tu n'as pas connu le vieil Epinal avec ses rues tortueuses, ses ruelles étroites, humides, dégoûtantes d'ordures, ses maisons inégales, non alignées, aux étages surplombants, avec ses ponts de bois sur pilotis, avec son allée des Forts aux tilleuls deux fois séculaires, avec ses couvents en ruines ou transformés des Annonciades, des Minimes, des Ursulines, des Capucins, des Jésuites, avec les débris de ses fortifications, son *Boudiou* et les restes de ses fossés convertis en jardins, avec ses faubourgs plus pauvres d'aspect que le dernier des villages, les fumiers devant les portes, avec ses infectes petites boucheries d'un côté, près du centre de la ville, et de l'autre, son vieux cimetière, remplacé maintenant par la préfecture et son jardin.

Non, tu n'as pas vu cette ville du moyen-âge encore, aux demeures serrées, entassées comme dans les vieilles places fortes, la bonhomie d'allure des habitants au parler chantant et lourd, aux mœurs un peu rudes mais franches, d'une gaîté presque rustique, cet aspect hideux mais pittoresque du grand bras de la Moselle entre les deux ponts, où corroyeurs, teinturiers et chapeliers faisaient leur tripotage peu odorant, où pendaient et séchaient au soleil cuirs, laines et feutres, sur de longues perches ou à des balcons de bois depuis le faîte des maisons jusqu'aux cailloux du rivage, les poules picorant sur les places et devant les portes et la police faite par un seul sergent de ville. Il a disparu ce vieil Epinal auquel je rêvais comme si mes yeux le voyaient encore. Chers souvenirs !

Enfants libres, comme pas un seul ne l'est aujourd'hui, nous autres gamins d'Epinal, nous allions partout comme les furets des bois. Pas un recoin ne nous était caché. Nous étions partout où il y avait quelque chose à apprendre, où il y avait quelque coup à recevoir, souvent, le jeudi ou le dimanche, à la maraude par-dessus les vieux murs et à travers les haies épineuses, sur la côte de la Justice, dans les batailles quelquefois sanglantes des enfants de la grande ville et de la petite ville, au milieu des charpentiers ou des maçons, dans les forges, dans les scieries, dans les moulins, puis à la boucherie (chose horrible !) pour y voir assommer et *souffler* les bœufs, dans les rondes des bures joyeuses sur les places ou aux carrefours, dans les *donnes* perfides, à la *pierre danserosse*, dans les *changolo*, dans la Moselle pour apprendre la pêche ou la natation, dans les bois pour y chercher des nids ou pour y cueillir les mûres, les fraises, les brimbelles et le muguet suivant la saison. Que de choses nous apprenions en dehors de l'école ! quelle gymnastique naturelle et fortifiante !

Faut-il parler du pilori où le bourreau, armé d'un fer rouge, faisait fumer la chair d'un misérable pour y graver à jamais T. F., et du sanglant échafaud, spectacle hideux, épouvantable, où la justice semblait alors convier si souvent la foule ? Pour moi, mon cœur d'enfant s'en est toujours révolté et mes yeux n'ont jamais été souillés par la vue de ce sang expiatoire.

Apprends le bien et le mal à ton fils âgé de cinq ans, a dit le sage Zoroastre. Ma foi ! mon cher ami, nous avons bien pratiqué le précepte sans le connaître. Si nous avons fait le mal, avec l'inconscience de notre âge, je puis affirmer que dans cette liberté peu limitée nous n'avons contracté aucun vice. Laissez une troupe d'enfants libres sous le ciel, vous fortifiez leurs poumons et leurs cœurs. Enfermez-les dans des cours ou dans des salles, ils y trouveront souvent le vice aux aguets.

Je ne vois pas pour mon compte que les hommes de ma génération en soient devenus plus mauvais. J'ai quitté Epinal à douze ans pour vivre au village. Aucun de mes anciens camarades d'enfance ne me connaît aujourd'hui ; leur nom a acquis plus ou moins de notoriété et j'ai pu les suivre de loin. Eh ! bien, si j'ose faire une comparaison avec ce qui est aujourd'hui, je crois qu'à bien des égards l'avantage est aux anciens. Chez eux j'ai toujours reconnu une sève vigoureuse, une fierté native et indomptable dans la bonne comme dans la mauvaise fortune, une énergie, un esprit d'initiative ou de résistance qui ne triomphait pas toujours, mais qui maintenait les bonnes traditions et réchauffait les sentiments de la justice et du droit.

Je ne veux pas m'écrier, comme les vieillards qui ne comprennent plus le présent, que le monde dégénère, parce qu'ils ne le voient plus tel que dans leur jeunesse. Assurément aujourd'hui les jeunes gens sont plus *polis*, mieux élevés, mieux instruits ; ils sont bacheliers, ils vont dans les écoles du gouvernement, et les voilà de par leurs diplômes, ingénieurs, avocats, officiers, professeurs, etc. Je l'approuve. Mais sans vouloir faire le procès au mode présent d'éducation, je me demande si cette fabrication d'hommes très-utiles à divers degrés a fait des caractères, je veux dire si, s'élevant librement au-dessus de la fonction de rouages que leur assigne leur carrière, les jeunes générations ont appris à se connaître, si elles méprisent assez le miroitage d'une vulgaire ambition pour garder la dignité et la fierté de la conscience et deviennent assez fortes pour résister à certaines influences malfaisantes.

Je ne parle qu'en général, tu le comprends bien. Je ne connais pas assez la jeunesse d'Epinal pour porter sur elle un jugement aussi prononcé et qu'on pourrait croire injurieux. Je me rappelle encore que de 1820 à 1825, venant assez fréquemment à Epinal, je n'ai jamais entendu parler comme aujourd'hui d'institutions aussi nombreuses où la jeunesse trouve un brillant apprentissage de sa carrière. Qui y connaissait alors l'école polytechnique, l'école centrale, l'école normale, l'école de Saint-Cyr, de pharmacie, des arts et métiers, l'école vétérinaire, etc. ? Les unes étaient à peine citées; les autres, il est vrai, n'étaient pas encore créées. Les facultés de droit ou de médecine ne voyaient que rarement de jeunes Spinaliens. Quel contraste aujourd'hui et quel mouvement !

Aussi la jeunesse d'Epinal m'a-t-elle paru plus généralement studieuse. Et, pour tout dire, les plaisirs nouveaux qu'elle s'est créés éloignent les plus faibles de l'oisiveté et de la débauche. Le tir, l'orphéon, le canotage lui offrent en effet des distractions charmantes. Que ces exercices ne la rapprochent pas du domaine des idées, qu'importe aujourd'hui ? Ces groupements, ces réunions, ces sociétés sont toujours un bien. Malheur à l'homme seul ! Plus on se rapproche, plus on se connaît et plus on apprend à s'aimer.

J'ai vu pendant mon court séjour à Epinal des esprits résolus, pleins d'initiative, des timides, mais fermes au fond, des intelligents qui poussent la roue de la fortune ou de l'ambition, des flâneurs ou des indifférents, d'autres enfin qui vont chercher au dehors un champ plus convenable à leur activité.

— Tu ne saurais le croire, me disait mon cousin ; les trois quarts de nos jeunes Spinaliens quittent leur ville de bonne heure ou par ennui ou pour donner un emploi à leurs facultés. Peu reviennent. Les traditions de famille s'effacent ; les étrangers abondent et l'unité disparaît.

— Est-il donc vrai, lui dis-je, que le fonctionnarisme a changé la physionomie morale de la vieille ville de notre enfance ?

— Oui. Autrefois tout le monde se mêlait et se connaissait. Pas de distinction entre la petite et la grosse bourgeoisie, et grande confraternité. Maintenant les sociétés sont bien tranchées ; la séparation est marquée par les fonctions. En outre les étrangers, et tous les fonctionnaires le sont en général, nous apportent d'autres idées, un autre esprit.

— Et quel mal y a-t-il à cela? Voudrais-tu donc que l'on vécût dans la petite république sans rapport avec la grande? Ceux que tu appelles des étrangers sont des concitoyens nouveaux qui vous apportent leur tribut d'idées et retrempent vos vieilles habitudes et vos mœurs casanières. Car enfin, une fois hommes, vous sortez à peine de chez vous. Enfermés dans vos coquilles, vous n'apprenez rien du dehors et vous appréhendez tout. Votre timidité bourgeoise vous laisse dans l'ornière du passé. Non, mon cher cousin, ce n'est pas un mal que des étrangers se mêlent à vous et vous agitent un peu le sang. Est-ce que les enfants d'Epinal n'auraient pas le droit à leur tour d'avoir une place dans une cité *étrangère*? Tu dis : Voilà un étranger qui veut nous conduire. S'il vous est utile ou s'il se rend ridicule, vous le saurez bientôt. Est-ce que jamais vous ne vous êtes trompés sur vos compatriotes ? Avez-vous donc de l'admiration pour eux seuls ? Ne voyez, morbleu ! que le caractère et le talent. Et puis, s'il n'y a pas parmi vous de quoi suffire à votre gloire, pourquoi vous laissez-vous dépasser ? Soyez des hommes, vous serez bientôt de vrais citoyens, et la lutte ne sera que plus belle et profitable à tous les intérêts.

Nous étions au Cours, assis sur le parapet que baigne la Moselle, vis-à-vis des jardins étagés qui s'élèvent sur l'autre rive. Mon regard suivait le cours de l'eau et se tournait vers la ville.

— Tiens, repris-je, je n'entends pas un étranger qui ne dise qu'Epinal s'est considérablement embelli, qu'il a enfin perdu sa laideur rustique dans le fond comme dans la forme et pris un aspect de gaieté qu'il n'avait pas.

— Oui, un aspect, fit-il.

— Tu n'es plus jeune et tu vois avec tes yeux d'autrefois. Moi, avec bien des illusions perdues, je crois au progrès. J'ai conservé sous ce rapport toute ma jeunesse. Le progrès matériel qui te semble le bouleversement du passé est l'indice de progrès plus grands. Nous sommes vieux ; avec notre regret pour notre enfance, soyons justes pour nos successeurs. Les enfants d'Epinal ne dégénèreront pas. En s'éclairant aux lumières d'autrui, ils suivront la loi naturelle qui nous fait tirer de toute chose la leçon de l'avenir. Et toi-même, si tu as un flambeau à la main, passe-le à d'autres pour qu'il échauffe et illumine les cœurs. Tu sais parler, parle ; tu es ferme, montre à tous ta fermeté. Un seul homme peut faire beaucoup de bien.

— Voilà bien des paroles pour rien, fit-il en se levant. Allons dîner, c'est ce qu'on fait de mieux à Epinal.

Je le secouai vigoureusement par le bras et m'apprêtais à répondre, quand il brisa ma colère d'un sourire et d'une parole :

— N'ayons pas l'air, me dit-il, d'être des orateurs et agissons. J'ai le cœur aussi ferme que toi le poignet. Je parle moins bien, mais ce que je dis, on le fait.

Amitié de tous.

ANDRÉ.

SOUVENIRS D'ALSACE ET DE LORRAINE

Par Henri MARTIN.

Dans un ouvrage publié en 1873 par la Société des gens de lettres, intitulé *L'Offrande*, nous trouvons de M. Henri Martin, notre véritable historien national, le récit d'excursions qu'il fit à diverses reprises dans les pays que domine la chaîne des Vosges et à travers nos montagnes.

Nous regrettons de n'en offrir qu'un extrait, mais ce que nous en donnons suffit pour en faire connaître l'esprit patriotique. L'auteur revendique comme *gaulois* les pays que la Prusse affecte d'appeler *germains*. Metz, Luxembourg, Thionville, Trèves sont des villes éminemment gauloises d'origine, de langue et de mœurs. Sur les bords du Rhin, on trouve couche sur couche, comme dans les âges géologiques, la Gaule celtique, la Gaule romaine, la Gaule franque et mérovingienne. C'est la couche intermédiaire qui domine, la couche gallo-romaine ; on la trouve comme nulle part à Mayence même, cette ville qui s'était donnée avec tant de passion à la république de 92.

Cet extrait servira d'épilogue à ce recueil de voyages. Les Vosges entrent dans un ère nouvelle qui leur impose de nouveaux devoirs. La vie matérielle et morale s'y est transformée, et les esprits, fortement pénétrés du sentiment du devoir et de la justice, y puisent la consistance du granit et du chêne, sans en prendre la rudesse.

Depuis Sadowa, une préoccupation commune à tous les hommes qui sentaient flotter au hasard les destinées de notre pays, et gronder sur notre tête une ombre menaçante, m'attirait instinctivement du côté du Rhin. Au printemps de 1869, je visitai pour la première fois notre Metz, cette noble cité, dont on ne peut prononcer le nom sans angoisse ; ville française entre toutes, et qui n'a jamais entendu la langue germanique que dans la bouche de ses dominateurs francs, aux temps barbares d'autrefois, ou dans celle de ses dominateurs allemands, aux temps barbares qui viennent de recommencer.

Ce vieux pays gaulois subit au moyen-âge, comme tant d'autres pays étrangers à l'Allemagne, la vassalité du *saint empire romain*; mais la république municipale de Metz demeura toujours *welche*, de langue comme d'esprit.

(Nous laisserons le voyageur visiter les villes qui sont au nord de la Lorraine et sur les bords du Rhin pour entrer avec lui dans les Vosges).

... Obligé de rentrer en France par Strasbourg, sans avoir le loisir de parcourir les Vosges, j'y revins au printemps suivant, le printemps de l'année fatale. La température était douce et charmante, les prairies en fleurs ; la montagne cachait ses massifs de grès rouge sous le vert noir de ses sapins et le vert lumineux de ses hêtres. Cette belle région était parée comme une victime avant le sacrifice.

Je remontai d'abord la vallée de la Moselle, par Epinal, jolie ville partagée et enveloppée par la rivière, et dominée par une colline où un beau parc, aux ombrages épais, a remplacé le château du moyen-âge. De remarquables antiquités gallo-romaines m'invitaient à visiter le musée d'Epinal. C'est là que se trouve le célèbre bas-relief gaulois représentant le combat symbolique d'un lion et d'un sanglier, avec la légende: *Bellicus Surbur.* Il a été apporté, avec d'autres bas-reliefs, de la mystérieuse montagne du Donon, un de ces *hauts lieux* où l'antiquité accumulait les monuments religieux, et qui en a gardé jusqu'à nous d'intéressants et rares débris.

Le Donon est un des massifs de la partie septentrionale des Vosges, et je voulais, avant de me diriger de ce côté, parcourir rapidement la région méridionale.

A mesure que l'on remonte la Moselle, le paysage prend à la fois plus de charme et plus de grandeur. Rien de gracieux et de fier comme le site de Remiremont, cette petite ville si originale avec sa grande rue à arcades, sa promenade à la vue splendide, ses grandes prairies qu'entoure le cirque imposant de ses montagnes. Les puissantes collines boisées qui commandent la Moselle recèlent sur leurs sommets et dans leurs ravins des antiquités primitives, dont certaines excitent la curiosité plus qu'elles ne la satisfont. Une gorge profonde et sauvage, qui sépare le Saint-Mont de la haute forêt de Fossard, est barrée par une construction étrange, que la tradition populaire nomme le *pont des Fées*. Ce n'est pas un pont à arches ni à piles ; c'est un mur plein, infléchi, dans sa partie supérieure, en une sorte d'arc concave. Ce mur, de vingt-huit mètres de longueur, sept de hauteur et treize de largeur, tout en pierres sèches, d'aspect cyclopéen, remonte sans doute aux âges de l'indépendance celtique ; mais il est bien difficile de déterminer le but qui l'a fait élever dans cette solitude.

Descendu de la cime du Saint-Mont, je remontai, à travers bois, les pentes escarpées de la hauteur opposée jusqu'au plateau de Fossard et à ses clairières, qui dominent toute la contrée. Au-delà des clairières, un sentier de forêt me mena, non sans peine et sans recherches, à un second monument d'un caractère moins incertain pour moi que le *pont des Fées*. Dans un recoin solitaire, sous l'ombrage des grands arbres, je vis tout à coup devant moi un magnifique monolithe de grès rouge, une sorte de pyramide brute, de près de cinq mètres de haut, très large sur deux de ses faces, étroite sur les deux autres. C'est une des plus imposantes *pierres-levées* qui existent en France, et son développement dans le sens de la largeur lui donne une physionomie exceptionnelle parmi les *menhirs*. Ce bloc ne diffère pas de la roche rouge qui constitue le massif environnant; mais il ne me semble pas douteux que la main de l'homme ne l'ait mis debout sous la voûte des chênes et qu'il ait eu une consécration religieuse.

On l'appelle, dans le pays, la pierre *Kerlinkin*.

De Remiremont, j'allai faire l'excursion, si justement renommée, des lacs de Gérardmer, Longemer et Retournemer, et l'ascension du Honeck. Le temps n'est plus aux paisibles descriptions des touristes, et je ne m'étendrai pas sur la beauté, la variété, les aspects si mouvementés, les pittoresques surprises de cette ravissante contrée. Je ne citerai que le vaste panorama du Honeck, le point le plus élevé des Vosges, d'où l'on a sous les pieds la Lorraine et l'Alsace ; en face de soi, la forêt Noire ; au midi, les chaînes du Jura.

Une observation ethnographique est à faire sur certains villages des hautes Vosges. On retrouve là un type très pur d'hommes d'assez grande taille, blonds ou châtain clair, aux yeux d'un bleu brillant, très différents des blonds teutoniques, et qui sont certainement des Celtes non mélangés.

Je revins à Remiremont prendre la route du Ballon d'Alsace, et je pus comparer ce panorama à celui du Honeck, et voir, du haut du Ballon, les Grandes-Alpes se déployer dans leur majesté au loin par-dessus le Jura. Quelles que fussent mes inquiétudes en songeant dans quelles mains était le sort de notre patrie, j'étais loin de la pensée que, quelques mois plus tard, de toute cette frontière de la France sur laquelle je planais du haut des Vosges, il ne nous resterait plus que ce dernier débris, Belfort et les points intermédiaires entre Belfort et le Ballon d'Alsace, que j'avais là immédiatement sous les pieds, et que le patriotisme de M. Thiers devait nous conserver avec tant de peine.

J'entrai en Alsace par le col de Bussang et par Wesserling, alors si riant et si laborieux tout ensemble avec ses usines sous ces charmants ombrages.

... Du mont de Sainte-Odile, nous montâmes, pour ainsi dire d'assise en assise, à travers la forêt, jusqu'au plateau beaucoup plus élevé qu'on appelle le Champ-du-Feu. Etait-ce là que nos ancêtres allumaient les signaux qui se répétaient de montagne en montagne pour annoncer l'approche des barbares?

Nous redescendîmes du Champ-du-Feu dans la vallée de la Bruche. Nous allâmes saluer l'humble presbytère de Fouday et la tombe de ce grand homme de bien qui a changé le val sauvage et misérable du Ban-de-la-Roche en une terre modèle, habitée par la population la plus prospère et la plus pure. Le vallon, naguère si heureux, où Oberlin enseigna, durant soixante années, le culte de toutes les vertus, l'amour de la patrie comme l'amour de Dieu, est aujourd'hui sous le joug de l'étranger.

Nous descendîmes la Bruche, afin d'aller, par Schirmeck, escalader le Donon.

Ce vieux sanctuaire des Vosges gauloises était le terme de mes courses archéologiques.

Le roman historique, à l'énergique pensée et aux chaudes couleurs, qui a commencé la renommée de MM. Erckmann et Chatrian, a rendu populaires les paysages du Donon. L'océan de verdure sur lequel on plane de sa cime est la plus belle vue de forêts qui se puisse imaginer. Les antiquités, autrefois si multipliées sur ce sommet, statues, bas-reliefs et inscriptions sculptés et gravés sur les rochers, ont disparu en grande partie. Les mieux conservés ont été transportées, comme je l'ai dit, au musée d'Epinal ; les restes, encore nombreux, de sculptures, auxquels on a construit un abri sur le point culminant de la montagne, et les vestiges de constructions mis à jour, ne permettent pas de douter qu'un temple gallo-romain n'ait succédé là à un sanctuaire druidique.

Le Germain campe aujourd'hui sur la montagne gauloise.

Nous rentrâmes à Strasbourg. En allant revoir l'admirable bibliothèque et sa riche collection d'antiquités qui attiraient tous les savants de l'Europe dans les salles du Temple neuf, je ne pressentais pas que je leur faisais mes adieux, et qu'avant six mois il n'y aurait plus là que des ruines fumantes. Là reposaient de précieux monuments de l'antiquité gauloise à côté d'objets d'art et de restes historiques d'une haute valeur, appartenant au Moyen-Age et à la Renaissance. La bibliothèque de la ville était l'admiration du monde savant tout entier ; la bibliothèque spéciale protestante, si intéressante pour l'histoire religieuse, méritait une vénération toute particulière de la part de quiconque, individu ou peuple, professe des croyances qui procèdent de la Réforme du XVIe siècle. Là se trouvaient les plus importantes correspondances des grands réformateurs français et allemands.

Les chrétiens qui ont détruit les chefs-d'œuvres du paganisme, les musulmans qui ont brûlé, pour ainsi dire, l'antiquité même en brûlant la bibliothèque d'Alexandrie, obéissaient à des passions religieuses qui les poussaient à s'acharner, avec une aveugle fureur, contre les gloires et contre les sciences du passé. D'autres ont détruit au hasard, avec l'insouciance de l'ignorance. Ceux qui ont détruit volontairement le musée et les bibliothèques de Strasbourg n'étaient point poussés par le fanatisme, car ils professent la croyance dont ils ont brûlé les plus vénérables monuments et se disent le peuple le plus chrétien de l'Europe, quoiqu'ils soient peut-être le peuple chez lequel il reste le moins de l'esprit évangélique.

Ils n'avaient pas non plus l'excuse de l'ignorance, car ils se disent, et, ici, leur prétention est mieux justifiée, ils se disent le peuple le plus savant de l'Europe. Ils avaient trop de science pour ne pas savoir, à quelques mètres près, où iraient tomber les bombes incendiaires qu'ils lançaient sur le Temple neuf et sur la cathédrale, au cœur de la ville, bien loin des fortifications et sans aucun résultat possible pour les opérations du siège.

Quels anathèmes le grand Goëthe n'eût-il pas lancés sur les destructeurs de ces trésors qu'il avait tant de fois contemplés avec amour! Il a bien fait de quitter ce monde : ce n'était pas la gloire d'Attila qu'il avait rêvée pour son peuple.

Avant de reprendre la route de Paris, je remis le pied, en franchissant le pont de Kehl, sur cette terre allemande que j'avais parcourue l'année précédente. Je m'efforçais encore de ne pas me croire sur un sol ennemi et ne voulais pas admettre l'impossibilité d'une fédération pacifique de l'Europe, fondée sur la conciliation de la France et de l'Allemagne. Ce fut un dernier rêve de paix à la veille des catastrophes qui allaient inaugurer en Europe le règne de la force et rouvrir l'ère sanglante des guerres de races. La Révolution française, un moment vaincue par ses fautes et ses défaillances, pourra seule un jour fermer cette ère d'une nouvelle barbarie par le triomphe définitif du droit qu'elle représente dans le monde.

TABLE DES MATIÈRES

Préface.	v-xii
MATHIAS RINGMANN. Chaîne des Vosges.	1
CAMERARIUS. Plombières (XVIe siècle)	3
MONTAIGNE. Voyages (1580)	8
DOM RUINART. Voyage (1696)	20
DOM MARTÈNE ET DOM DURANT. Voyage littéraire (1709).	41
VOLTAIRE. Lettres écrites des Vosges (1729, 1754, 1757)	45
DOM TAILLY. Voyage à Remiremont, à la Bresse, etc. (1787).	61
Abbé GRÉGOIRE. Voyage dans les Vosges (1798)	87
DESGOUTTES. Les Vosges en 1802	100
POTTIER. Epître en patois (1808).	106
SARAH NEWTON. Voyage à Plombières (1808)	118
CH. CHARTON. Lettres d'un provençal (1821)	165
ED. DE BAZELAIRE. Promenades dans les Vosges (1828)	189
LOUIS JOUVE. Epinal (1865)	225
HENRI MARTIN. Souvenirs d'Alsace et de Lorraine, (1870).	232

Épinal. — Imprimerie BUSY.

EN VENTE

A LA MÊME LIBRAIRIE :

LA

CARTE DES VOSGES

DRESSÉE PAR

MM. GARNIER & HAUSSER

à l'usage des Établissements scolaires

15 FRANCS

ÉPINAL. — IMPRIMERIE BUSY.

www.ingramcontent.com/pod-product-compliance
Lightning Source LLC
Chambersburg PA
CBHW070654170426
43200CB00010B/2234